LOS PLACERES DEL ALMA

Una Reflexión sobre el Potencial Humano

FRANCISCO DEL ESPÍRITO SANTO NETO

Dictado por el Espíritu

HAMMED

Traducción al Español:
J.Thomas Saldias, MSc.
Lima, Perú, Mayo 2024

Título Original en Portugués:

"Os Prazeres da Alma"

© Francisco do Espíritu Santo Neto, 1988

Houston, Texas, USA
E – mail: contact@worldspiritistinstitute.org

Sobre el Médium

Francisco do Espírito Santo Neto (*Catanduva*) es un médium espírita brasileño. Su "guía espiritual" se conoce como Hammed.

Es Licenciado en Administración de Empresas, con formación completa en Programación Neurolingüística.

Hace más de 25 años fundó la Sociedad Espírita de Boa Nova. Aún hoy gestiona todas las actividades que lo componen, como la Guardería Boa Nova, que alberga a 135 niños, Lar Esperança, que atiende a 12 mujeres necesitadas en un internado, la clínica médica y dental, además de acciones dirigidas a la asistencia social y cultural, y para grupos de madres y embarazadas, así como Boa Nova - editorial y distribuidora de libros espíritas.

Trabaja activamente en la promoción del Espiritismo, no sólo a través de escritos sino también impartiendo conferencias en todo Brasil y en el extranjero.

Sus libros han vendido aproximadamente un millón de copias desde su primer lanzamiento editorial, el libro *Renovando Actitudes*, publicado en 1997. Tiene más de 11 obras psicografiadas.

Francisco es el Director Responsable de la *Revista Literária Espírita Delfos*, que periódicamente trae artículos especiales, entrevistas, sesiones, columnas y otras informaciones pertinentes al ambiente literario espírita.

Entre otras citaciones, podemos ver que sus declaraciones han sido recogidas en diferentes medios:

"(...) Precisamente a los diecisiete años, cuando fui tocado por la mediumnidad redentora, fui llevado a descubrir poco a poco todas las respuestas a las preguntas que durante años habían llenado mi espíritu sediento de las cosas de la espiritualidad (...)"

"(...) Aunque mi instructor espiritual Hammed, junto con muchos otros espíritus bondadosos que me asisten, estuvo presente durante mucho tiempo dirigiendo mis facultades mediúmnicas a través de la psicofonía, recién en noviembre de 1974 recibí mi primera página psicografiada. El título *El valor de la oración* y estaba firmado por el espíritu de Iván de Albuquerque, entidad amiga hasta entonces completamente desconocida en mi círculo de actividades espirituales.

"(...) Durante estos casi veinticinco años en las tareas de la mediumnidad, recibí cientos de mensajes, realizando el debido ejercicio de ajuste y flexibilidad que estos mismos mentores decían que necesitaba tener para ser una persona más ajustada. elemento para ellos, para adquirir buena receptividad y producir convenientemente (...)"[1]

---

[1] Fuente: Mensaje Espírita. Biografía Francisco do Espíritu Santo Neto. https://iplogger.com/2lwN73

Del Traductor

Jesus Thomas Saldias, MSc., nació en Trujillo, Perú.

Desde los años 80's conoció la doctrina espírita gracias a su estadía en Brasil donde tuvo oportunidad de interactuar a través de médiums con el Dr. Napoleón Rodriguez Laureano, quien se convirtió en su mentor y guía espiritual.

Posteriormente se mudó al Estado de Texas, en los Estados Unidos y se graduó en la carrera de Zootecnia en la Universidad de Texas A&M. Obtuvo también su Maestría en Ciencias de Fauna Silvestre siguiendo sus estudios de Doctorado en la misma universidad.

Terminada su carrera académica, estableció la empresa *Global Specialized Consultants LLC* a través de la cual promovió el Uso Sostenible de Recursos Naturales a través de Latino América y luego fue partícipe de la formación del **World Spiritist Institute**, registrado en el Estado de Texas como una ONG sin fines de lucro con la finalidad de promover la divulgación de la doctrina espírita.

Actualmente se encuentra trabajando desde Perú en la traducción de libros de varios médiums y espíritus del portugués al español, habiendo traducido más de 320 títulos, así como conduciendo el programa "La Hora de los Espíritus."

Índice

LOS PLACERES DEL ALMA	16
ALEGRÍA	21
ALEGRÍA	24
DESAPEGO	29
DESAPEGO	33
SABIDURÍA	37
SABIDURÍA	41
PACIENCIA	45
PACIENCIA	49
AFECTIVIDAD	54
AFECTIVIDAD	57
AFECTIVIDAD	62
CONOCIMIENTO DE SÍ MISMO	67
CONOCIMIENTO DE SÍ MISMO	72
RESPETO	77
RESPETO	81
LIBERTAD	86
LIBERTAD	91
LUCIDEZ	95
LUCIDEZ	99
NATURALIDAD	104
NATURALIDAD	108
HUMILDAD	112
HUMILDAD	116

COMPASIÓN 121
COMPASIÓN 124
VALOR..128
VALOR..132
COMPRENSIÓN 136
COMPRENSIÓN 140
INDIVIDUALIDAD 145
INDIVIDUALIDAD 150
SEGURIDAD 153
SEGURIDAD 158
RENOVACIÓN 164
RENOVACIÓN 169
CREATIVIDAD 173
CREATIVIDAD 179
PERDÓN 184
PERDÓN 188
AMAR 192
AMAR 198
AMAR 202
GENEROSIDAD...207
GENEROSIDAD...212
ACEPTACIÓN 217
ACEPTACIÓN 222

"La creatividad es la capacidad de materializar cosas que existen en estado latente. Es un hecho indiscutible que todo, prácticamente todo, ya existe en otro nivel de conciencia, nadie crea nada nuevo; en realidad, solo desnudamos algo que estaba sumergido."

En potencialidad no podemos concebir nada más allá de lo que hemos experimentado hasta ahora y/o de lo que estamos experimentando actualmente. Por lo tanto, este trabajo es un subproducto de lo que hemos experimentado o percibido en la vida a lo largo de nuestra vida, una mayor lucidez interior, una conciencia del potencial infinito de la vida íntima y una capacidad de moverse a través de la existencia terrenal, superando con mayor facilidad los obstáculos a la evolución."

Hammed

Alegría

La alegría como experiencia de religiosidad es un valor invaluable. Este sentimiento del alma, más que cualquier otra cosa, contagia y ablanda el corazón de los hombres.

Es maravilloso experimentar la alegría de encontrar el "tesoro escondido en el campo del alma"; es decir, reconocer el "Yo", la realidad más profunda, la "voluntad de Dios", que sostiene, protege e inspira al ser humano a progresar de forma natural y sensata.

Desapego

De nada sirve "cerrar las cortinas de la ventana del alma" para llevar una vida onírica – llena de pensamientos y vacía de experiencias –, mitigando o previniendo los estímulos externos. Esto es "desapego defensivo", o resignación neurótica, y no virtud genuina.

La mente apegada a hechos, acontecimientos y personas es incapaz de percibir su esencia. Aquel que se aferra al "ego" está vacío de lo "sagrado"; quien se libera del "ego" descubre que siempre ha estado lleno de lo "sagrado."

Sabiduría

Tener sabiduría consiste en tener una "lectura del mundo" centrada en el sentido íntimo: la capacidad de recibir información sobre los cambios del entorno - externo o interno -, e interactuar con ellos, expresando actos y actitudes únicos y originales.

Conocimiento implica la facilidad de elaborar ideas simples para explicar cosas aparentemente complejas, utilizando los recursos fértiles e inspiradores del universo interior.

Paciencia

Nuestra impaciencia desequilibra los procesos internos y externos de la Naturaleza dentro de nosotros. Los actos y actitudes de los pacientes pueden cambiar nuestra forma de ver y afrontar los conflictos. Recordemos que todo problema contiene en sí mismo la "semilla de la solución."

El despertar de la religiosidad proporciona tranquilidad. La paciencia es un estado del alma en el que la criatura no se ve afectada por la inquietud o la irritabilidad, ya que se ha liberado de la inquietud y agitación del ego.

Afectividad

Amar no significa esperar a que alguien satisfaga todos nuestros deseos y necesidades que solo nosotros podemos satisfacer.

En el futuro, la religión superior o natural solo estará basada en la más afectuosa fraternidad y profesada individualmente por la criatura que ha superado al "ser religioso" y ha desarrollado en sí mismo el "ser religioso."

Todo lo que existe tiene su origen en el amor, la esencia fundamental de todas las cosas que viven en la Tierra. La búsqueda del amor es el principal anhelo de todo ser humano.

Conocimiento de sí mismo

El autoconocimiento es la capacidad innata que nos permite percibir poco a poco todo aquello que necesitamos transformar. Al mismo tiempo, aumenta la conciencia de nuestros potenciales latentes, para que podamos convertirnos en lo que somos en esencia.

Solo tememos lo que no conocemos. El autoconocimiento requiere un ejercicio constante, en el ámbito del pensamiento reflexivo, sobre las sensaciones externas e internas. Vivir una vida sin reflexión es como escuchar una canción sin melodía.

Respeto

Solo optando por el respeto a uno mismo conseguiremos el respeto de los demás. Encontraremos en los demás la misma dignidad que nos damos a nosotros mismos.

En el futuro cercano, cuando las mujeres se legitimen por quiénes son y hacia dónde quieren ir, ganarán el respeto de los demás y de ellas mismas.

Libertad

La libertad, como todos los demás logros del alma, solo se alcanzará verdaderamente si se comparte con los demás.

Para estar en plena libertad, necesitamos dejarnos llevar, fluir por los ritmos de la vida. Muchas veces es en el "acto de perder" donde encontramos la razón de nuestra propia existencia.

Lucidez

Mientras vivamos mecánicamente, irreflexivamente y sin la intervención consciente de la lucidez y el discernimiento, nos privaremos de tener una mente tranquila y un corazón en paz.

Los lúcidos no exaltan el talento ni resaltan la incapacidad; simplemente analiza los hechos en su totalidad, utilizando los "ojos de la ecuanimidad"; es decir, de la comprensión, la imparcialidad y la moderación.

Naturalidad

Todos somos aguas de una misma fuente, pero momentáneamente fluimos en cauces diferentes.

¿Por qué habitualmente analizamos la conducta ética de los hombres solo desde el aspecto teológico y descartamos el fundamento científico sustentado en la Naturaleza?

Humildad

Los humildes aprendieron, a través de la introspección, a constituirse en un "canal o espacio trascendente", por el que fluye silenciosamente la inteligencia universal.

La vocación es una "marca de nacimiento" que Dios nos da en secreto y, un día, sin que nos demos cuenta, se revelará sencilla y espontánea.

Compasión

Tener compasión es tener una mayor comprensión de las debilidades humanas. Y cuando nos volvemos más realistas, menos exigentes y más flexibles con las dificultades ajenas.

Cuanta más compasión tengamos por los demás, más se expandirá nuestra visión del mundo. Toda criatura digna tiene la característica común de la compasión.

Valor

No podemos ser auténticos si no somos valientes. No podemos ser originales si no utilizamos la valentía. No podemos amar si no tomamos riesgos. No podremos investigar ni percibir la realidad si no utilizamos la audacia.

La autorreflexión, o la actitud de mantener un intercambio constante con la "voz del alma", nos daría suficiente libertad, seguridad y coraje para guiarnos. Es bueno recordar que pueden obligarnos a "ser esclavos", pero no pueden obligarnos a "ser libres."

Comprensión

Cuando se trata de "comprender en Dios", no neguemos nada, no afirmemos nada, solo esperemos confiadamente. El estado luminoso es la mano misteriosa que nos acerca a lo que nos es útil y nos aleja de lo que no nos es útil.

La comprensión de *"natura"* - palabra latina - la naturaleza o esencia personificada de las cosas -, debe ser vista como un soberano dedicado a esclarecer constantemente los conflictos personales y los enigmas de la Humanidad.

Individualidad

La individualidad está asociada con una expansión de la conciencia y la madurez personal.

Individualizarse significa reconocer la propia manera de desarrollarse física, emocional y espiritualmente.

Seguridad

Solo tropiezan los que van en el camino. Solo aquellos que son libres de intentarlo cometen errores.

Ceñirse a una sola línea de pensamiento o corriente filosófica puede parecer la forma más segura de vivir, pero es la más infantil de ellas.

Renovación

Al renovarse, el hombre transformará el mundo. No debemos centrar nuestra atención en modificar las cosas de fuera, sino en mejorar o despertar las cosas de nuestro interior.

El progreso llega a la Humanidad paulatinamente, con la misma sutileza con la que el día hace desaparecer la noche; desciende casi imperceptiblemente sobre las creaciones y las criaturas como un rocío fértil y fundamental para nuestra vida de espíritu inmortal.

Creatividad

Crear es la capacidad innata de desestructurar algo y reestructurarlo de una manera completamente diferente y original.

Dios no está distante en el espacio inconmensurable y desconocido del hombre, sino inmanente en la Naturaleza misma. Él es, en general, la luz eterna y trascendente en el proceso evolutivo y creativo de todo lo que existe en el Universo.

Perdón

Perdonar o disculpar a alguien es bueno y saludable, pero vivir sin cesar disculpando los errores ajenos puede ser muy peligroso. Las emociones enterradas y tácitas se manifestarán negativamente en otras situaciones y con diferentes personas en nuestra vida diaria.

El juicio apresurado puede convertirse en la "falta de comprensión", porque perdonar es, ante todo, capacidad de comprender las dificultades.

Amar

El amor desarrolla características personales, distinguiendo y particularizando a la criatura. Al proporcionarle voluntad propia e independencia, le permite ampliar horizontes y disolver las barreras donde la norma y la generalización han erigido muros.

El amor pone a nuestra disposición el terreno más fructífero y bendito para el crecimiento interior. Este "terreno fértil", cuando es fertilizado por un afecto real, nos hace renunciar a la ilusión de poseer toda la verdad, eliminando así nuestros síndromes de inflexibilidad.

Actualmente estamos experimentando la más grave de las privaciones humanas: la incapacidad de expresar nuestro amor y afecto de manera clara y honesta, y sin temor a ser malinterpretados. Es difícil vivir apartado de los demás; es mucho más fácil abrazar con calidez a aquellos a quienes queremos mostrar nuestro cariño, rompiendo la distancia que nos separa de ellos.

Generosidad

La generosidad no consiste en dar abundantemente y sin control, sino en cómo y cuándo dar adecuadamente.

La generosidad tiene como síntesis perfecta, o factor fundamental, la acción dignificante, que propone ayuda a los demás, validando, sobre todo, su realidad personal.

Aceptación

Solo aquellos que han aceptado el cambio de actitudes pueden considerarse verdaderamente curados, ya que solo la transformación íntima puede liberarnos paulatinamente de los ciclos perversos de desequilibrios internos que generan enfermedades corporales y aflicciones humanas.

Tengamos presente que no somos lo que los demás piensan y, muchas veces, ni siquiera lo que creemos que somos; pero realmente somos lo que sentimos. De hecho, los sentimientos revelan nuestro desempeño en el pasado, nuestro desempeño en el presente y nuestro potencial en el futuro.

LOS PLACERES DEL ALMA

"Hermenéutica", que podría traducirse como el "arte de interpretar los textos o el significado de las palabras", expone detalladamente el significado de extractos o incluso de obras enteras - literarias, religiosas, artísticas, etc. -. Deriva del nombre griego *"Hermes"* - hijo de Júpiter, dios de la elocuencia, considerado el "mensajero de los dioses."

En esta obra, al igual que *"Los dolores del alma"*, utilizamos los aportes de la "hermenéutica" para brindar una serie de sugerencias con el objetivo de comunicarnos mejor y, al mismo tiempo, hacer posible que los demás nos comprendan con mayor claridad.

Organizamos nuestras ideas y consideraciones reflexivas sin intención de considerarnos hermeneutas versados o especialistas en cualquier tipo de elucidación. Solo queremos someterlos humildemente al valioso y habitual examen de bondadosos lectores.

Muchos compañeros podrán sorprenderse con nuestra técnica de aislar los extractos de las preguntas de *"El Libro de los Espíritus"*, cubriéndolos con peculiares tonos y vivacidad. De algunas preguntas solo tomamos pequeñas frases, implicándolas en algún aspecto concreto y, en otras ocasiones, las aprovechamos al máximo.

Actuamos así porque creemos que, en un huerto extenso, donde se cultivan una gran cantidad de árboles frutales, cada uno de ellos tiene una función y calidad exclusiva. Asimismo, en el inmenso conjunto de enseñanzas de la Doctrina Espírita: cada estudioso se adapta a una determinada comprensión o comprensión según su nivel evolutivo, en la gran escala de la vida universal.

A 145 años del surgimiento del Espiritismo, su mensaje sigue siendo la luz que ilumina el organismo social terrestre e inaugura una nueva era en los paisajes del mundo, restablece en los corazones humanos las claras enseñanzas del Evangelio de Jesús y abre espacio en el interior. Humanidad por una religión de la realidad interna.

La Ciencia del espíritu proporciona definitivamente el bien general, garantizando a las criaturas la paz y la alegría de vivir, mientras que la ciencia académica, que es igualmente útil y beneficiosa, intenta reivindicar para sí el atributo de constituir el único medio capaz de investigar y comprender las cosas en el universo.

Este libro forma parte de un esfuerzo reflexivo en el que analizamos algunas de las teorías psicológicas del eminente investigador y psicólogo Dr. Carl Gustav Jung desde la perspectiva de los conceptos espíritas; también estudiamos a otros, utilizando conceptos budistas. Pero, efectivamente, hacemos uso, de manera especial, de la psicología espiritista, que se basa en la visión cristiana y en la fe razonada, ajena a cualquier carácter convencional o místico.

Los textos aquí reunidos son producto de nuestra experiencia de vida y han sido mejorados espontáneamente con el tiempo. Forman parte del conjunto de bienes de nuestro pequeño patrimonio de convicciones y preceptos.

Fueron objeto de estudio las potencialidades humanas, que llamamos "placeres del alma": sabiduría, alegría, afectividad, coraje, autoconocimiento, lucidez, comprensión, amor, respeto, libertad, desapego, compasión, individualidad, perdón y muchos otros. Sin embargo, no queremos crear "conceptos estáticos y distintos", ya que creemos que dar "recetas virtuosas" o presentar "bases de comportamiento" es creer que existe una sola visión del mundo o una descripción correcta y exacta de las cosas, ignorando que las experiencias pueden complementar ideas y ampliar las percepciones tal como son, aquí y ahora, y en cada momento del futuro.

Todo lo que necesitamos aprender es analizar cada sensación, hecho o evento a medida que surge. Nunca definas ni atribuyas significados rígidos y definitivos a todo lo que existe. El "camino de la multiplicidad" nos muestra cómo ver y hacer esto.

No debemos elogiar nuestras concepciones ni tomarlas como ideas absolutas, sino analizarlas simplemente como valores relativos. Solo nos pertenece lo que viene de nosotros mismos. Debemos reutilizar la realidad de los demás como "puentes", contentándonos; sin embargo, con la nuestra propia. No podemos retener ni almacenar nada que no provenga de nuestros caminos inspiradores.

Los libros u obras literarias nos pueden ayudar mucho, siempre y cuando no los elijamos como la verdad. La verdad no está en la conceptualización de las palabras o textos que se leen, sino en las experiencias que podemos tener con ella, y a partir de ella.

Por ejemplo, estas páginas se pueden comparar con una "balsa" que nos transporta de una orilla a otra del río. Sin embargo, cuando lleguemos al otro lado, debemos buscar "horizontes" propios y no obstinarnos en el medio de transporte que nos llevó. Habiendo llegado a la otra orilla, necesitamos ir más lejos y no "mirar atrás"[2], sino "caminar

---

[2] Lucas 9:62

despiertos y desapegados", siguiendo nuestro propio ritmo existencial en busca de la verdad.

"*¡Y la gran multitud le escuchaba con agrado!*"[3] Buscamos inspiración para el título de este libro en este pasaje del Nuevo Testamento. El pasaje al que se hace referencia aquí lo registra el apóstol Marcos cuando describe el ministerio de Jesús en el templo de Jerusalén ante la comunidad que habitualmente se reunía allí.

La elocuencia del Nazareno desbordaba su comunión con Dios, y todos los que lo escuchaban sentían íntimamente un sagrado éxtasis de amor. El espíritu en las sensaciones trascendentales se regocija por la sensación de libertad.

El Cristo fue sumergido en la plenitud del Creador; por eso, sus palabras hicieron emerger de lo más profundo de las criaturas los "placeres del alma" adormecidos. Sus argumentos amorosos y lógicos llevaban a las personas a sentimientos muy intensos de alegría, placer, admiración y entusiasmo.

Nuestra mayor fuente de disgusto o insatisfacción es creer que los recursos que necesitamos para vivir bien están fuera de nosotros. Los bienes que necesitamos están dentro de nosotros, ya que cada ser humano es un "libro sagrado" o una "biblioteca viviente" de conocimiento inmortal.

Agradezco al Señor de la vida por este trabajo, realizado gracias a la colaboración de un grupo de amigos generosos que se dedican a difundir el conocimiento de la vida mayor. Cosechadores que ofrecen a todos los lectores una "nueva comprensión", para que puedan vivir

---

[3] Marcos 12:37

plenamente, buscando la luz celestial en el templo de la propia alma.

La "conciencia iluminada" es la salvación de las almas. El "reino de los cielos" no despertará en nuestro mundo interior mientras estemos atados a algún modelo de vida externo. Esto solo sucederá cuando sintonicemos con la esencia divina que existe dentro de nosotros, que siempre será nuestro refugio seguro, el hogar que necesitamos y que un día se revelará como refugio y consuelo, bendición y seguridad, hoy y mañana, ahora y siempre.

Con agradecimiento y mejores deseos,

Hammed

Catanduva, 16 de octubre de 2002.

ALEGRÍA

La alegría como experiencia de religiosidad es un valor invaluable. Este sentimiento del alma, más que cualquier otra cosa, contagia y ablanda el corazón de los hombres.

La mayoría de las personas tienen una visión distorsionada de la alegría, pues la confunden con fiestas frívolas y entretenimientos que provocan sensaciones intensas y risas exageradas; en definitiva, satisfacciones puramente emocionales.

De hecho, no hay nada malo en ser jovial, de buen humor, festivo y reír. Sentir emociones terrenas está entre las prerrogativas que el Creador destinó a sus criaturas. Experimentar la normalidad de las sensaciones humanas es un proceso natural establecido por la mente celestial.

Quizás las religiones fundamentalistas hayan mezclado las ideas contenidas en las palabras alegría y tentación. En realidad, el Maestro enseñó a sus seguidores a vivir con alegría. *"Os digo esto para que mi alegría esté en vosotros* - dice Jesús -, *y vuestro gozo sea completo."* [4]

La verdadera alegría está asociada a la entrega total de la criatura en manos de la Divinidad, o incluso a la aceptación que la inteligencia celestial todo provee y ayuda.

---

[4] Juan, 15:11

Y la confianza plena en que todo es justo y correcto y la convicción ilimitada en los designios infalibles de la Divina Providencia.

La palabra aleluya proviene del hebreo *"hallelu-yah"* y significa "alabar al Señor con alegría." Se ha utilizado como canto de alegría o acción de gracias en la liturgia de muchas religiones con el fin de glorificar a Dios. La denominación "Sábado de Aleluya", utilizada por la Iglesia Católica, se basa en la exaltación de la alegría, ya que ese día se conmemora la reaparición de Jesucristo después de la crucifixión.

Vivir en estado de alegría es estar en plena sintonía con nuestra paternidad divina, a través de los mensajes silenciosos y sabios que la vida nos dirige.

"Entregarse a Dios" es la base de toda felicidad. Sin embargo, el problema radica en algunas religiones que recomiendan "entregarse" no a Dios, sino a mandatos o representantes "divinos", o incluso a congregaciones doctrinarias que imponen obediencia y subordinación a sus directores.

Conductas similares ocurren en sectas o grupos disidentes dentro de una religión, en las que hay una entrega incondicional de los seguidores al líder religioso y que inicialmente resulta en un supuesto sentimiento de alegría y satisfacción.

En realidad, cuando hay subordinación en nuestra "entrega a Dios", no puede considerarse real, porque, tarde o temprano, la criatura se dará cuenta que está íntimamente prisionera y que carece de verdadera comunión con el Creador.

Vivir en "estado de gracia" o en "comunión con Dios" es estar perfectamente armonizado con nuestra naturaleza espiritual. Es la alegría de repetir con Jesucristo: *"Yo estoy en el Padre y el Padre está en mí."*[5]

La felicidad es un trabajo interior que casi nunca depende de fuerzas externas. Dios representa la base de la alegría de vivir, pues la felicidad proviene de la capacidad de percibir las "verdaderas intenciones" de la acción divina que habita en nosotros y del discernimiento que todo lo que existe en el Universo tiene su razón de ser.

El hombre lleva en su conciencia la ley de Dios[6], dicen los espíritus superiores a Allan Kardec. "La ley natural es la ley de Dios y la única verdadera para la felicidad del hombre. Le dice lo que debe hacer y lo que no debe hacer, y solo es infeliz cuando se aparta de ella."

La alegría como experiencia de religiosidad es un valor invaluable. Este sentimiento del alma, más que cualquier otra cosa, contagia y ablanda el corazón de los hombres.

"Nadie es feliz por decreto"; solo aquellos que son iluminados por la llama celestial sienten una inmensa satisfacción. Quien se ha identificado con la divinidad y ha descubierto que "la ley natural es la ley de Dios y la única verdadera para la felicidad del hombre", se alegra verdaderamente. La alegría espontánea pone de relieve la belleza y la naturalidad del comportamiento humano. Cultivar el reino espiritual dentro de nosotros nos facilita aprender que la verdadera alegría no está determinada por hechos o fuerzas externas, sino que se encuentra en el silencio de nuestra propia alma, donde la inspiración divina vibra incesantemente.

---

[5] Juan, 14:11
[6] Pregunta 621 de "El libro de los Espíritus"

ALEGRÍA

Es muy bueno experimentar la alegría de encontrar el "tesoro escondido en el campo del alma"; es decir, reconocer el ser, la realidad más profunda: la "voluntad de Dios, que sostiene, protege e inspira al ser humano a progresar" de forma natural y sensata.

Todos fuimos creados por la divina sabiduría del Universo para ser felices, tanto en el plano físico como en el astral, y ciertamente por toda la eternidad. La alegría de vivir es un atributo natural de toda criatura humana, herencia de su filiación divina.

En realidad, la alegría comienza cuando somos responsables y libres de ser nosotros mismos; cuando tomamos el timón de nuestra vida en nuestras propias manos y dejamos de ser esclavos de algo o de alguien. En verdad, los bienhechores espirituales dicen: "Toda sujeción absoluta de un hombre a otro es contraria a la ley de Dios."[7]

"No hay hombres que estén, por naturaleza, destinados a ser propiedad de otros hombres." Muchas personas creen que al sentir y pensar como los demás serán más aceptados y amados. Otros piensan que comportándose de forma sumisa, débil y servil, evolucionarán más rápido. Ignoran que, al hacerlo, estarán perdiendo contacto con la propia fuente sapiencial, que promueve el encuentro con "la voluntad de Dios." La prueba de ello es lo que Pablo de Tarso

---

[7]

escribió a los romanos: "*Y no os conforméis a este siglo, sino transformaos, renovando vuestra mente, para que podáis discernir cuál es la voluntad de Dios.*"[8]

La "voluntad de Dios", o *imago Dei*, reside en las criaturas y representa un "libro sagrado" que debe ser desvelado en la propia intimidad.

Jung sostiene que llevamos dentro de nosotros la "imagen de Dios", la marca del Yo - el *self* inglés -. Según las teorías junguianas, "el Yo no es solo el centro, sino también toda la circunferencia que contiene tanto el consciente como el inconsciente; es el centro de esta totalidad, así como el ego es el centro de la conciencia." Carl Jung afirmó que el Yo preside todo gobierno psíquico, es una autoridad suprema y se le considera unificación, reconciliación, equilibrio dinámico, un factor rector interno del más alto valor.

Ajustando estos conceptos a nuestra fe espiritualista, podemos decir que Cristo es el símbolo del Yo, porque se identifica plenamente con la "voluntad de Dios." El Maestro reconoció en sí mismo la *imago Dei*, ya que integró su comprensión del mundo exterior con todo lo que hay de divino en él.

La primitiva concepción católico-cristiana de la *imago Dei*, asegurada en la figura de Jesús, expresa, en verdad, que solo el Maestro conservó la totalidad de la naturaleza divina. Hasta el día de hoy, la Iglesia de Roma lo llama el "Hijo Unigénito de Dios" no manchado por el pecado. Por otro lado, la religión romana afirma que el ser humano no tiene el mismo potencial celestial que poseía el Maestro, ya que la imagen divina del hombre fue dañada y corrompida por el "pecado original", y solo será restaurada por la misericordia

---

8

del Creador. Sin embargo, los guías de la Humanidad afirmaron a Allan Kardec que los llamados ángeles, arcángeles y serafines no forman una categoría especial de naturaleza diferente a la de los demás espíritus,[9] y que todos pasamos por etapas por igual en la escala evolutiva, sin cualquier distinción, prerrogativa o exclusividad.

No podemos conceder a un individuo una creación superior o especial en relación con los demás. Jesús de Nazaret no es "un hijo privilegiado de Dios[10], sino un ser que desarrolló en altísimo grado sus potencialidades, incluyéndose entre los espíritus que aceptaron sus misiones sin murmurar y llegaron más rápidamente." [11] Superó la condición humana por su alta evolución espiritual. Es un modelo real que todos podemos alcanzar, si seguimos sus huellas y ejemplos existenciales.

La verdadera satisfacción se basa en el hecho que utilizamos libre, consciente y sensatamente nuestra capacidad de ser, pensar, sentir y actuar. La alegría de vivir se basa en la certeza que experimentamos cuando reconocemos que dentro de nosotros palpita una tarea suprema - el Yo -, que es mantener unido y reconstruido todo nuestro sistema psíquico cada vez que está en peligro de fragmentarse o desequilibrarse.

Una vez impresa en nosotros la *imago Dei*, estamos en contacto con esta "totalidad" o "poder superior" y, por tanto, su presencia atrae la punta de la "brújula interior", que nos indica el refugio seguro de la vida providencial. Cuando llevamos las riendas de nuestra propia existencia, tomando el control de ella, vivimos en paz y felicidad y ya no necesitamos

---

[9] Romanos, 12:2 3
[10] Pregunta 128 de "*El Libro de los Espíritus*"
[11] Preguntas 129 y 130 de "*El Libro de los Espíritus*"

imponer, mandar y controlar a los demás, ni utilizar obligatoriamente la aprobación y el aplauso de los demás para decidir o actuar, porque estamos castigados en lo más profundo de nuestro ser "sentido de identidad con la conciencia sagrada."

No es egoísta albergar en nuestra alma un sentimiento de aceptación genuina y profunda de nosotros mismos, alimentando una auténtica autoestima y alegría que resulten en un sentimiento íntimo de vivacidad y satisfacción. Estas ideas pueden inicialmente molestarnos o sorprendernos, ya que podemos asociarlas con la vanidad o el orgullo. Por cierto, el apóstol Mateo escribió: *"El Reino de los Cielos es como un tesoro escondido en el campo; un hombre lo encuentra y lo vuelve a esconder, y en su alegría va y vende todo lo que tiene y compra ese campo."*[12]

Es hermoso experimentar la alegría de encontrar el "tesoro escondido en el campo del alma"; es decir, reconocerse en uno mismo, la realidad más profunda: la "voluntad de Dios", que sostiene, protege e inspira al ser humano a progresar. una manera natural y sensata.

Hay muchas formas de esclavitud. No debemos esclavizarnos a nada ni a nadie, ya que el grado de alegría es proporcional al grado de libertad que tenemos.

Dentro de nosotros existe un universo ilimitado que lamentablemente reducimos al mundo insignificante de nuestros mezquinos intereses. Cuando nos identificamos con el Creador, la alegría se convertirá en una fuerte presencia en todas y cada una de nuestras actitudes.

Pregunta 829

---

[12] Ídem.

¿Hay hombres que, por naturaleza, están destinados a ser propiedad de otros hombres?

"Todo sometimiento absoluto de un hombre a otro es contrario a la ley de Dios. La esclavitud es un abuso de fuerza y desaparecerá con el progreso, como desaparecerán, poco a poco, todos los abusos."

Nota - La ley humana que consagra la esclavitud es una ley antinatural, ya que asemeja al hombre a los animales y lo degrada moral y físicamente.

DESAPEGO

De nada sirve "cerrar las cortinas de la ventana del alma" para llevar una vida onírica - llena de pensamientos y vacía de experiencias -, atenuando o impidiendo los estímulos externos. Esto es "desapego defensivo", o resignación neurótica, no virtud genuina.

Llamamos "desapego defensivo" al mecanismo de escape de la realidad, utilizado, inconscientemente o no, por personas que se han autoimpuesto una vergüenza derivada del miedo a amar, o incluso perderse en la sed de amor por objetos, personas o ideas, de verse absorbidos por una enorme necesidad de dependencia y sumisión más allá del propio control.

Este "desapego protector" se basa profundamente en un proceso mental que se activa en cuanto el individuo percibe algo o alguien que tiene un gran significado para él, y que, si lo perdiera, sería muy doloroso. Adopta una actitud de contención de sus sentimientos y se aísla con indiferencia y desprecio de su mundo sensible.

Se declara desinteresado y frío, manteniendo en postura íntima el siguiente pensamiento: "No me importa"; es decir, "no abro las puertas de mis sentimientos."

De hecho, la palabra *"importar"* proviene del latín *importare* - traer a o traer dentro de uno mismo. Así, no se sentirá frustrado o amenazado por los conflictos, ya que supone que ha logrado un desapego real, cuando, en realidad, solo utiliza un alejamiento de la expresión, del deseo, de la voluntad, de la satisfacción y de la realización personal; es decir, restringe y mutila la vida activa.

Por otro lado, el "sano desapego" es una experiencia que conduce a un crecimiento íntimo y una expansión de la conciencia, mientras que la experiencia defensiva conduce a un bloqueo de las sensaciones, provocando que las personas vivan en un aparente escape social, exhibiendo actos y comportamientos ficticios, rodeado de una atmósfera de falsa renuncia y altruismo.

La actitud de ciertos "hombres que viven en absoluta reclusión para escapar del contacto con el mundo" es considerada por los espíritus superiores como un "doble egoísmo."

No podemos escondernos detrás de valores sagrados para camuflar conflictos de naturaleza emocional, sexual, profesional, cultural, religiosa: esto es escapismo. En definitiva, la deserción de la participación social es, de hecho, un fenómeno que retrasa la maduración psicológica. Este tipo de desapego, que parece estar motivado por un inmenso desapego hacia los bienes materiales o hacia las personas, resulta, sobre todo, ser solo un deseo de escapar o un miedo surgido del egoísmo.

Una actitud autoimpuesta de duda y desconfianza, inseguridad y miedo, además de perjudicarnos, nos aleja del camino natural y nos desvía del dinamismo evolutivo de la vida providencial. De nada sirve "cerrar las cortinas de la ventana del alma" para llevar una vida onírica - llena de pensamientos y vacía de experiencias -, atenuando o impidiendo los estímulos externos. Esto es "desapego defensivo", o resignación neurótica, no virtud genuina.

Las criaturas del mundo están llenas de desapegos ficticios que, en realidad, reducen la visión de la verdadera espiritualidad, obstaculizando las múltiples formas de despertar el potencial del alma.

Se dice que un individuo "apegado" es indeciso e inerte porque ha perdido la conexión consigo mismo; ya no sabe lo que quiere para sí, ya no navega por los mares ni explora los continentes de su reino interior: se ha desviado de su ruta existencial.

Jesús dijo: "*De cierto, de cierto os digo, que si el grano de trigo no cae en la tierra, quedará solo; pero si muere, dará mucho fruto. El que ama su vida, la pierde, y el que aborrece su vida en este mundo la guardará para vida eterna.*"[13] Comprender las palabras del Maestro puede liberarnos del sufrimiento al que nos ha arrojado el apego. La "vida amorosa" o la "vida aborrecida" a la que Cristo se refiere es, exactamente, el despertar o conciencia que las cosas van y vienen en nuestra existencia, y que es necesario adoptar la práctica de desapego de ellos. El apego es el recuerdo del "dolor" o "placer" pasado que llevamos hacia el futuro. Detrás de cada sufrimiento hay un apego: "Si el grano de trigo que cae en la tierra no muere, quedará solo; pero si muere, dará mucho fruto." Ésta es la excelencia del mensaje: todo en nuestra vida terrenal es transitorio, pasará; cambiará e irá más allá... Los "granos de trigo" tomarán una nueva apariencia: se transformarán en un inmenso campo de trigo y, más tarde, se convertirán en prodigalidad de alimentos generosos.

El apego es la no aceptación de la impermanencia de las cosas. En la Tierra nada se perpetúa, solo el alma es inmortal.

¿Qué pensar de los hombres que viven en absoluta reclusión para escapar del contacto con el mundo? Doble

---

[13] Juan, 12:24 y 25

egoísmo. Pero si este retiro tiene como objetivo la expiación, imponiendo una privación dolorosa, ¿no es meritorio?

Hacer más bien que mal es la mejor expiación. Evitando un mal cae en otro, ya que olvida la ley del amor y de la caridad.

DESAPEGO

La mente apegada a los hechos, los acontecimientos y las personas es incapaz de percibir su esencia. Aquel que se aferra al "ego" está vacío de lo "sagrado"; quien se libera del "ego" descubre que siempre ha estado lleno de lo "sagrado."

"Entonces Jesús dijo a sus discípulos: Si alguno quiere venir en pos de mí, niéguese a sí mismo, tome su cruz y sígame. Porque el que quiera salvar su vida, la perderá; pero el que pierda la suya por mi causa, la encontrará. En verdad, ¿de qué le servirá al hombre ganar el mundo entero y arruinar su vida?"[14]

Cuando alguien pasa silenciosamente por un desfiladero, nota el susurro de distintos sonidos que reverberan a través del viento en las rocas y los árboles; estas son manifestaciones de los "ecos de la naturaleza" de ese lugar. La criatura que internaliza y aquieta la mente, silenciando su intimidad, hace que su reino interior se parezca a un "desfiladero sereno", de donde emergen los mensajes inarticulados del alma - son manifestaciones de los "ecos trascendentales" del Universo.

En este "estado interior", donde prevalecen la quietud y la tranquilidad, el individuo tiene un encuentro consigo mismo, con su esencia más pura: el espíritu. En presencia de inquietudes e innumerables deseos, la mente apegada bloquea la fuente sapiencial y contamina la vía de acceso a

---

[14] Mateo, 16:24-26

través de la cual se puede escuchar la fuente de la excelente sabiduría.

Los pueblos del mundo están distraídos entre acontecimientos pasados y presentes, llenos de deseos personales que nublan e infectan su visión cósmica; esto les impide ampliar y expresar, de forma espontánea y natural, su religiosidad innata.

Una vez que el espíritu se "pierde", las personas, aunque vivas, quedan como si estuvieran muertas. *"En verdad, ¿de qué le sirve al hombre ganar el mundo entero y arruinar su vida?"*

Porque quien quiera salvar su vida - apegarse al ego -, la perderá - perder de vista al Ser -, pero quien pierda su vida - dejar ir el ego -, por mí, la encontrará - integrarse con el Ser.

Debemos romper todas las cadenas y expulsar las mil voces que pululan por nuestra casa mental. Así, seremos limpios y desnudos, libres y despojados, libres de todo. Entonces, naturalmente, habrá, en este "desfiladero interior", la reverberación de algo esencial, antes oculto, pero ahora presente, en el que se perciben claramente sus infinitos recursos y su capacidad de despertar potenciales innatos.

Recogimos de la antigua sabiduría oriental este extracto que ilustra bien nuestra idea sobre el desapego y la serenidad interior: "Cuando llega el viento y mece el bambú, el bambú no conserva el sonido después que el viento ha pasado. Cuando los gansos cruzan el lago, el lago no retiene sus reflejos después que desaparecen. De la misma manera, la mente de las personas iluminadas está presente cuando ocurren los acontecimientos y se vacía cuando terminan.

"(...) la doctrina de la reencarnación (...) aumenta los deberes de la fraternidad, ya que, entre vecinos o entre servidores, puedes encontrar un espíritu que estuvo unido a ti por lazos de sangre." [15]

Cuando tenemos algo querido o creemos que tenemos posesión de alguien que amamos mucho, sufrimos cuando nos separamos de ello. Los celos son el resultado del apego - miedo a perder. Es necesario comprender la diferencia entre "amor verdadero" y una "relación simbiótica", o incluso un "vínculo familiar." La realización espiritual no reside en aferrarse egoístamente a los seres queridos, sino en interactuar fraternalmente unos con otros. *"Si alguno quiere venir en pos de mí, niéguese a sí mismo, tome su cruz y sígame."* "Negarse a uno mismo" es superar la fugacidad del mundo visible y penetrar la esencia oculta de las creaciones y criaturas. Es realmente dejarse llevar y vivir en la integridad de la vida; no querer perpetuar el "ego." "Tomar tu cruz" es reconocer que este momento se desvanecerá y no durará. Es comprender los difíciles dilemas mentales que atravesamos, lo que nos permitirá avanzar con integridad un movimiento de doble dirección por el que se mueve, por un lado, la búsqueda inmediata del "ego", y, por el otro, la inspiración de la infinita sabiduría divina.

El desapego nos lleva a desarrollar un amplio sentido de libertad y confianza en nosotros mismos. Nuestro calabozo reside en nuestros actos y actitudes más íntimos. Nos atamos a los grilletes de nuestra propia creación mental y hacemos lo mismo con aquellos a quienes amamos.

La mente apegada a hechos, acontecimientos y personas es incapaz de percibir su esencia. Aquel que está apegado al ego está vacío de lo "sagrado"; quien se libera del

---

[15] Pregunta 205 de *"El Libro de los Espíritus"*

"ego" descubre que siempre ha estado lleno de lo "sagrado." La mente serena, tranquila y desapegada es la "puerta estrecha."

El individuo desapegado participa con la familia y toda la comunidad en una relación sana y espontánea. No vive atado a los vínculos insanos de la "ansiedad de separación", ya que cree plenamente que la ley de vidas sucesivas no destruye los vínculos de afecto, sino que los extiende a un número cada vez mayor de personas y también a toda la Humanidad.

En opinión de algunas personas, la doctrina de la reencarnación parece destruir los vínculos familiares volviendo a existencias anteriores.

"Los prolonga, pero no los destruye. El parentesco, al basarse en afectos anteriores, los vínculos que unen a los miembros de una familia son menos precarios. Aumenta los deberes de fraternidad, ya que, entre vecinos o entre servidores, se pueden encontrar un espíritu que estaba unido a ti por lazos de sangre."

SABIDURÍA

Tener sabiduría consiste en tener una "lectura del mundo" enfocada en el sentido íntimo, la capacidad de recibir información sobre los cambios del entorno - externo o interno -, e interactuar con ellos, expresando actos y actitudes únicas y originales.

El sabio, siendo plenamente consciente de la imposibilidad de poseer un conocimiento absoluto, reconoce humildemente las muchas cosas que ignora, no incurriendo en la presunción de conocerlo o saberlo todo. De hecho, el orgullo inhibe la comprensión de todo lo que se puede lograr con humildad.

El sabio no se opone a la acción de la Naturaleza, sino que se sintoniza y actúa junto con ella. "Todas las leyes de la Naturaleza son leyes divinas, porque Dios es el Autor de todas las cosas."[16]

Cuando ignoramos nuestra fuente de sabiduría interior - propiedad innata de todos nosotros -, rechazamos una parte importante de nuestra realidad interna, porque las leyes de Dios están escritas en la conciencia.[17] La expresión conciencia, utilizada aquí por los guías de la Humanidad, tiene el mismo significado que espíritu, pues, si las leyes divinas estuvieran simplemente en el área consciente del ego - sensaciones, percepciones, emociones y motivaciones -, no

---

[16] Pregunta 617 de "*El Libro de los Espíritus*"
[17] Pregunta 621 de "*El Libro de los Espíritus*"

tendríamos mayores dificultades para comprenderlas o aplicarlas. Cuando ignoramos el potencial de nuestra intimidad, nuestro campo de visión existencial se vuelve oscuro y distorsionado y somos incapaces de establecernos frente a la existencia.

El sabio está completamente seguro que es soberano y esclavo de su propio destino; dueño supremo de sus actos y prisionero de sus efectos coercitivos. Los grandes educadores de la Humanidad son considerados hombres de sabiduría. Ellos son quienes avanzan en el tiempo y el espacio, revelando habilidades y destrezas ocultas que siempre han existido dentro de nosotros. A costa de mucho trabajo y enormes sacrificios, los "pioneros de la sabiduría" utilizaron la importancia del reino interior como eje principal de sus lecciones, enseñándonos con notable capacidad que "el mundo por revelar está en el corazón de la criatura", que lo "divino está en lo humano", ya que todo en nosotros es sagrado. Por eso hoy entendemos perfectamente las palabras de Jesucristo: *"El Reino de Dios está entre vosotros."*[18]

De esto entendemos que la forma de enseñar de todos los grandes maestros se basó fundamentalmente en la educación como método de percepción y, al mismo tiempo, de desarrollo de los talentos innatos, la peculiar y espontánea vocación existente en el propio hombre. El verbo educar proviene del latín *educare* y significa "acción de tirar, exhibir, tomar de dentro."

Educar no es obligar o constreñir a alguien a aprender mediante la fuerza o la presión moral, sino expresar y liberar el potencial del ser. Tampoco se trata de imprimir, sino de hacer brotar o emerger los dones subyacentes. Menos aun

---

[18] Lucas, 17:21

sería formar, imponer un encofrado; al contrario, sería desenterrar desde lo más profundo de la criatura su propia manera de ser.

El logro de la sabiduría proporciona a los hombres suficiente flexibilidad para no mantener sus mentes cerradas a nueva información y no vivir dentro de reglas y estándares sociales rígidos.

Los sabios entienden que el sentido común, combinado con una conciencia reflexiva centrada en el "conocimiento original", debe preceder a toda decisión, opción o solución.

No dejan que las instrucciones, clasificaciones y análisis acumulados a lo largo del tiempo ahoguen la "sabiduría primitiva" contenida en la propia alma. Por cierto, las reglas injustas de la sociedad y las religiones fundamentalistas, ligadas a modelos rigurosos y patrones de pensamiento severos, funcionan como auténticos obstáculos a la sabiduría interior.

Los sabios han aprendido que, a menudo, los "procedimientos y hábitos" de una época tienen tal impacto en las personas que empiezan a verlos, primero, como "normas o reglas sociales"; luego, a lo largo de los siglos, como "valores y conductas morales", llegando finalmente al punto de considerarlos como "leyes u órdenes divinas."

El Creador no estableció leyes que, en otros tiempos, Él mismo habría prohibido. Sería bueno recordar que las concepciones y las ideas están influenciadas por los factores del tiempo y el espacio. Las personas difieren en sus conceptos sobre las costumbres - la forma de pensar y actuar característica de un individuo, grupo social, pueblo, nación -, porque son constantemente reevaluadas y renovadas a través del tiempo y de las sociedades humanas. "Dios no puede equivocarse. Los hombres son los que se ven obligados a cambiar sus leyes, porque son imperfectas. Las leyes de Dios son perfectas. La armonía que rige el universo material y el universo moral está fundada en las leyes que Dios estableció para toda la eternidad."

Las leyes elitistas son transitorias porque fueron creadas por el prestigio de un grupo social o por el dominio de un pueblo o nación en un momento determinado. Sin embargo, "las leyes que Dios estableció para toda la eternidad" son constantes e inmutables.

Tener sabiduría consiste en tener una "lectura del mundo centrada en el sentido íntimo - capacidad de recibir información sobre cambios en el entorno - externo o interno -, e interactuar con ellos, expresando actos y actitudes únicas y originales.

Cada individuo tiene un canal sapiencial que puede sintonizarse con la abundante fuente de sabiduría universal. Un hombre sabio tiene la capacidad de gobernarse a sí mismo, ya que, penetrando en la esencia de las cosas, las analiza y sintetiza sin prejuicios, utilizando únicamente su propia coherencia y autenticidad proveniente de su reino interior.

¿Prescribió Dios a los hombres, en una época, lo que les prohibió en otra?

"Dios no puede equivocarse. Los hombres son los que se ven obligados a cambiar sus leyes, porque son imperfectas. Las leyes de Dios son perfectas. La armonía que rige el universo material y el universo moral está fundada en las leyes que Dios estableció para toda la eternidad."

SABIDURÍA

Conocimiento implica la facilidad de elaborar ideas simples para explicar cosas aparentemente complejas, utilizando los fértiles recursos inspiradores del universo interior.

Durante siglos, grandes pensadores y filósofos nos han estado enseñando que el autoconocimiento es la base primordial para alcanzar la verdadera sabiduría. Pero, para saber realmente quiénes somos, necesitamos profundizar en lo más profundo de nuestro ser y buscar la sabiduría que existe en nuestro mundo íntimo.

Si fuimos creados por Dios y si Él puso en nosotros su marca - la idea de Dios es innata en el hombre -,[19] cuando nacemos, ya traemos como herencia la marca divina. La omnipresencia del Creador abarca todo el Universo, manifestándose en todas sus criaturas y creaciones. Por tanto, el paso fundamental para entrar en contacto con el verdadero conocimiento es tomar conciencia que Dios está dentro de nosotros, somos dioses en potencia, según la expresión evangélica.

Ser sabio no se basa solo en el grado de información o conocimiento que tenemos sobre la vida terrenal. Las personas refinadas y educadas no siempre tienen un sentido íntimo bien desarrollado ni un alto nivel de discernimiento. No debemos confundir cultura o educación con sabiduría.

---

[19] Pregunta 6 de *"El Libro de los Espíritus"*

Muchas personas educadas no son sabias, a pesar de alardear de un aire de superioridad intelectual. No distinguir la instrucción de la sabiduría es como no diferenciar los diamantes de las cuentas de vidrio. La espiritualidad superior nos anima a mantener un contacto profundo y significativo con nuestra fuerza interior, para que podamos familiarizarnos con la "voz de la conciencia."

Conocimiento implica la facilidad de elaborar ideas simples para explicar cosas aparentemente complejas, utilizando los recursos fértiles e inspiradores del universo interior.

El conocimiento del sabio proviene del mundo silencioso. Es en silencio que la introspección abraza el santuario de la sabiduría. Los que saben más hacen menos alboroto; los que saben poco arman mucho escándalo.

Necesitamos acostumbrarnos a dedicar un tiempo al silencio de la meditación, ya que el "ojo interior" nos proporciona innumerables formas de percepción – nosotros, ellos mismos, el mundo, la Naturaleza y Dios -; finalmente, ver el fondo y no solo la superficie de las cosas.

La sabiduría está igualmente ligada a la forma en que notamos la sutileza del mecanismo cíclico que mueve el Universo. En él todo sigue un ritmo natural; la raíz de nuestra evolución corporal/espiritual tiene sus raíces en las relaciones íntimas con la Naturaleza. Si miramos más de cerca, veremos que somos parte de ello.

El fluir de la vida hace que todo suceda en un reciclaje constante y periódico. En los seres pequeños repite, en menor escala, el magnífico e inconmensurable movimiento cósmico.

En la Tierra, como en toda la creación, todo está sometido a movimientos alternos, desde las mareas, las fases de la Luna, las interacciones entre organismos en los ecosistemas, la diversidad de fenómenos meteorológicos, los biorritmos humanos y muchas cosas más.

Cuando admitimos el conjunto de fuerzas que mueven y animan la evolución de la vida, comenzamos a percibir el dinámico y sabio proceso de ritmicidad que existe dentro y fuera de nosotros. El desarrollo evolutivo nos muestra que todo está vinculado armoniosamente.

En la pregunta 540 de *El Libro de los Espíritus*, obra básica del Espiritismo, encontramos la siguiente exposición: "(...) Y para que todo sirva, todo está coordinado en la Naturaleza, desde el átomo primitivo hasta el arcángel que, él mismo, comenzó por el átomo, admirable ley de armonía cuya totalidad vuestro espíritu limitado aun no puede comprender."[20]

La acción de un hombre carente de sabiduría normalmente tiende a modificar, según sus caprichos o puntos de vista personales, la Naturaleza que lo rodea. De esta manera, sus actitudes resultan en un agotamiento inútil de sus fuerzas físicas e intelectuales y en una agitación innecesaria sin posibilidad alguna de lograr el objetivo propuesto. A diferencia del hombre sabio, que no se opone a la acción de la Naturaleza, sino que está en sintonía con ella, actuando a su favor. La criatura humana intelectualizada se desarrolla en dirección horizontal, mientras que la verdaderamente sabia trasciende en dirección vertical.

El sabio es aquel que ha desarrollado la capacidad de sabiduría para comparar, evaluar y sopesar ideas con la precisión de los científicos, con la generosidad de los benefactores, con la sensibilidad de los poetas, con el sentido

---

[20] Pregunta 540 de "El Libro de los Espíritus"

común de los filósofos, con la naturalidad de los niños y con el desapego de quien ama sin condiciones.

¿Los Espíritus que ejercen una acción sobre los fenómenos de la Naturaleza actúan con conocimiento de los hechos, en virtud de su libre albedrío o por un impulso instintivo o irreflexivo?

"Algunos sí, otros no. Hago una comparación: imaginen esas miríadas de animales que, poco a poco, hacen emerger del mar islas y archipiélagos; ¿creen que no hay un final providencial para esto y que una cierta transformación de la superficie del globo no sea necesaria para la armonía general?

Esos no son más que animales del último orden que realicen estas cosas para proveer a sus necesidades y sin sospechar que son instrumentos de Dios. ¡Muy bien! De la misma manera los espíritus, los más atrasados, son útiles al grupo. Mientras ensayan para la vida y antes de tener plena conciencia de sus acciones y de su libre albedrío, actúan sobre ciertos fenómenos de los que son agentes inconscientes; ellos ejecutan primero; más tarde, cuando su inteligencia esté más desarrollada, ordenarán y dirigirán las cosas en el mundo material. Más adelante podrán dirigir las cosas en el mundo moral. Así funciona todo, todo está coordinado en la Naturaleza, desde el átomo primitivo hasta el arcángel que empezó él mismo con el átomo. Admirable ley de armonía cuya totalidad vuestro limitado espíritu aun no puede comprender."

PACIENCIA

Nuestra impaciencia desequilibra los procesos internos y externos de la naturaleza dentro de nosotros. Los actos y actitudes de los pacientes pueden cambiar nuestra forma de ver y afrontar los conflictos. Recordemos que todo problema contiene en sí mismo la "semilla de la solución."

Tan pronto como nos permitimos pensar en la Naturaleza como algo vivo y activo dentro de nosotros, comenzamos a darnos cuenta que nunca perdemos nuestro "sentido de conexión" con el mundo natural. Es como si de nuestro interior surgiera una "parte dormida" que siempre lo ha sabido; por lo tanto, comenzamos a reconectar la vida interior con las fuerzas creativas manifestadas a lo largo de la evolución.

Nuestra conexión con los procesos vivientes de la Tierra ha sido olvidada. La suposición de la ciencia moderna es que nuestro planeta tiene alrededor de cinco mil millones de años. Sin embargo, no existe ningún rastro que permita determinar, con alguna aproximación, la época en la que se sembraron las "semillas de la vida"; es decir, la aparición de los primeros organismos vivos en el globo terrestre.

Lo que se sabe, en general, es que el planeta pasó por lentas y diversas transformaciones y que, probablemente, la vida surgió en las aguas de los mares, que sirvieron de "cuna fértil" para mantener las primeras formas de vida.

Estos diminutos seres unicelulares se estructuraron según las condiciones que prevalecían en la Tierra primitiva, a partir de sustancias orgánicas preexistentes en la atmósfera y la corteza terrestre. La acumulación de estas sustancias o moléculas a lo largo de millones de años convirtió los ambientes marinos en una auténtica "sopa nutritiva." A partir de entonces, y gracias a la laboriosa acción de los trabajadores celestiales, comenzó la vida en la Tierra.

Dentro de aquellos rudimentarios paisajes, dentro de las cálidas aguas de los primitivos océanos, el principio inteligente pudo iniciar sus primeras manifestaciones bajo el dominio y control de la Omnipotencia Celestial.

La formación de este complejo "teatro de la vida" se produjo a través de un largo y continuo proceso evolutivo, que hoy nos permite conocer las más diversas formas de seres vivos. Por tanto, es necesario que adoptemos el ritmo de la Naturaleza, cuyo secreto más preciado es la paciencia.

El ser humano es la propia Naturaleza tomando conciencia de sí misma. Teniendo la capacidad de comprender racionalmente este grandioso "espectáculo de la evolución", debería ser el primero en darse cuenta que su perfecta estructura orgánica es el resultado de la paciente comprensión de la Naturaleza.

La capacidad de persistir en una actividad con constancia y perseverancia es uno de los atributos de la Naturaleza. Necesitamos aprender de ella la capacidad de equilibrar y realizar tareas en quietud silenciosa, ya que la impetuosidad y la prisa que a menudo demostramos pueden destruir en minutos lo que nos llevó años construir.

Soportemos con calma todo lo que sucede en nuestra existencia. Busquemos descifrar, aprender y reflexionar sobre los enigmáticos mensajes que nos llegan a través del lenguaje de la evolución natural. La Naturaleza no da saltos: la mariposa no llegó a ser lo que es sin ser primero una oruga. Sin embargo, la paciencia no es pasividad, estancamiento, ociosidad o parálisis. Es más bien un potencial que hay que desarrollar con serenidad, constancia y perseverancia. Nos permite descubrir el momento adecuado para perseverar o renunciar a relaciones, situaciones, vínculos y actividades que involucran nuestro día a día. Los espíritus superiores tienen la paciencia necesaria para revelar ciertas enseñanzas en el momento adecuado. ¿Sabes qué? El proceso de maduración y crecimiento humano es constante, pero gradual. Reconocen que a todo hay que darle su debido tiempo, y que todo lo que se dice apresuradamente puede malinterpretarse o no entenderse. Por tanto, utilizan "naturaleza evolutiva", teniendo en cuenta la condición de tiempo, lugar o forma que rodea y acompaña a las personas, hechos o acontecimientos.

Los Mentores de la Codificación dijeron a Allan Kardec que los espíritus "(...) enseñaron muchas cosas que los hombres no entendieron o distorsionaron, pero que actualmente pueden comprender (...)"

Y se justificaron: "(...) No enseñáis a los niños lo que enseñáis a los adultos, y no le dais a un recién nacido alimentos que no pueda digerir; cada cosa a su debido tiempo"[21]

Nuestra impaciencia desequilibra los procesos internos y externos de la Naturaleza dentro de nosotros. Los actos y actitudes de los pacientes pueden cambiar nuestra forma de ver y afrontar los conflictos. Recordemos que todo problema contiene en sí mismo la "semilla de la solución."

---

[21] Pregunta 801 de *"El Libro de los Espíritus"*

¿Por qué los espíritus no han enseñado en todos los tiempos lo que enseñan hoy? No enseñas a los niños lo que enseñas a los adultos, ni le das a un bebé recién nacido alimentos que no pueda digerir; cada cosa en su tiempo. Enseñaron muchas cosas que los hombres no entendieron o distorsionaron, pero que hoy pueden entender. A través de sus enseñanzas, incluso incompletas, prepararon el terreno para recibir la semilla que hoy dará fruto."

PACIENCIA

El despertar de la religiosidad proporciona tranquilidad, paciencia y un estado de alma en el que la criatura no se ve afectada por la inquietud o la irritabilidad, ya que se ha liberado de la inquietud y agitación del ego.

Quienes han llegado a la esencia de lo sagrado comprenden que la religión auténtica es, ante todo, una "realidad interior", porque expresa nuestras relaciones más íntimas con Dios.

El despertar de la religiosidad proporciona tranquilidad. La paciencia es un estado del alma en el que la criatura no se ve afectada por la inquietud o la irritabilidad, ya que se ha liberado de la inquietud y agitación del ego.

Carl Gustav Jung desarrolló una teoría fascinante, un análisis notable que contribuye eficazmente a mejorar el comportamiento y el pensamiento humano.

Desde pequeño estuvo significativamente influenciado por cuestiones religiosas y espirituales, ya que su padre y varios familiares eran pastores luteranos. Estudió e investigó profundamente la naturaleza humana, dedicándose también al análisis de las filosofías y mitologías orientales.

Jung es considerado un maestro sabio; estudió Medicina, pero nunca abandonó su compromiso de mantener su interés por los fenómenos psíquicos y las ciencias naturales y humanas. Fue un psiquiatra por excelencia, un misionero que investigó los "trastornos de la personalidad", contribuyendo a la comprensión de los diferentes aspectos del comportamiento humano y coadyuvando al crecimiento y enriquecimiento de las criaturas en su camino hacia la iluminación individual.

El Dr. Carl Jung, como todo individuo que utiliza la lógica, la coherencia y la razón, se sintió distanciado de la devoción religiosa basada en el pietismo, la afirmación de la superioridad de la fe sobre la razón. Se alejó de las experiencias teológicas y de las prescripciones litúrgicas de su padre y otros familiares, quienes abogaban por la permanencia incondicional según la letra de la convención[22] e iban en busca del espíritu de Dios como realidad viva.[23]

La religión va mucho más allá de los límites del intelecto; sin embargo, no lo refuta ni lo cuestiona. La religiosidad genuina no está vinculada a ninguna organización externa; nos lleva al despertar íntimo, a la relación con nuestra propia alma.

Del mismo modo, Allan Kardec, como hombre de ciencia, educado en Yverdon, en la Escuela de Johann Heinrich Pestalozzi - célebre pedagogo suizo y discípulo de Jean-Jacques Rousseau -, aseveró: "(...) no hay fe inquebrantable excepto aquella que pueda enfrentarse cara a cara a la razón en todas las épocas de la Humanidad."(...)

Para creer no basta ver, es necesario, sobre todo, comprender. La fe ciega ya no es de este siglo; bueno, es precisamente el dogma de la fe ciega el que hace que la mayor parte de los incrédulos hoy, porque quieren imponer y exigir

---

[22] II Corintios, 3:6
[23] Juan, 4:2,4

la abdicación de una de las prerrogativas más preciosas del hombre: el razonamiento y el libre albedrío."[24] Por lo tanto, el Espiritismo "no pretende tener la última palabra sobre todas las cosas, incluso sobre las que son de su competencia."[25]

Los Guías de la Humanidad dijeron a Kardec que "(...) para el estudioso, no existe ningún sistema filosófico antiguo, ninguna tradición, ninguna religión que descuidar, porque todo contiene el germen de grandes verdades (...) gracias a la clave que El Espiritismo nos regala multitud de cosas que, hasta ahora, podrían parecerles sin razón y cuya realidad, hoy, les es demostrada de manera irrefutable."[26]

Para Jung, toda criatura trae consigo una aptitud para la autotransformación, a la que llamó individualización, y la definió como un proceso de desarrollo personal en el que la criatura se convierte en una personalidad unificada; es decir, un individuo, un ser humano indiviso e integrado.

La individualización se centra completamente en el equilibrio entre el ego - centro de la conciencia -, y el Yo - centro de la psiquis -, y la mejora e interacción constante y creativa entre ellos.

Las criaturas excesivamente ligadas al sistema ilusorio del ego se ven afectadas por un celo religioso obsesivo que puede llevarlas a los extremos de la intolerancia. Tienen fe ciega, la costumbre de discutir con exaltación, ya que son impacientes e inquietos. Exageradamente adaptados a una vida "impecable", se autodenominan "gente de costumbres." Están atrapados en este patrón de pensamiento: "Solo yo sé cómo se hacen o se deben hacer las cosas."

---

[24] *"El Evangelio según el Espiritismo"*, capítulo XIX, ítem 7
[25] *"La Génesis"*, capítulo XIII, punto 85
[26] Pregunta 628 de *"El Libro de los Espíritus"*

El fanatismo es el hijo favorito del ego; es una adhesión ciega a una idea, sistema o doctrina. Los fanáticos se irritan fácilmente por todo lo que pueda ser contrario a lo que consideran tradicional, inmutable y verdadero, defendiendo un estricto *status quo* en la política, la sociedad y la religión.

Las personas religiosas intransigentes son consideradas personas dogmáticas. Exigen de sí mismos y de los demás una vida puritana de extrema rectitud como forma de compensar sus dudas indecorosas y sus deseos reprimidos, que cultivan, de una manera inconsciente o no, en el mundo interior mismo. Basan su forma de actuar en teorías y estudios arcaicos y siguen modelos y estándares obsoletos. Son observadores literales de leyes consideradas ciertas e indiscutibles, y esperan que la gente las acepte sin ninguna duda.

Los individuos que están conectados con el Yo viven las necesidades del presente y responden a ellas a través de un análisis cuidadoso de las personas, los hechos y los acontecimientos. Utilizan el examen paciente y la reflexión sapiencial de la conciencia para elaborar pensamientos sobre la vida y sobre ellos mismos.

Al estar más en sintonía con el ser, alcanzaron una fe razonada basada en la tranquilidad, la razón y la coherencia.

Su proceder es el respeto a los derechos humanos: libertad de expresión, de individualidad, de ir y venir, de intelectualidad, de conciencia; finalmente, los derechos considerados inherentes al hombre como ser social, independientemente de raza, país, sexo, edad y religión.

Son pensadores polivalentes y originales; tienen propósitos definidos: buscan pacientemente lograr en sus estudios y reflexiones una síntesis racional y lógica entre lo físico y lo espiritual, lo real y lo imaginario, el individuo y la sociedad.

¿Por qué la verdad no siempre ha estado disponible para todos?

"Todo debe llegar a su tiempo. La verdad es como la luz: debemos acostumbrarnos a ella, poco a poco, porque de lo contrario nos deslumbra. Nunca sucedió que Dios permitiera al hombre recibir comunicaciones tan completas e instructivas como las que hoy puede recibir. Había, como sabéis, en la antigüedad algunos individuos que poseían lo que consideraban una ciencia sagrada, y que hacían un misterio para los profanos, según ellos, debían comprenderlo con lo que sabían de las leyes que gobiernan estos fenómenos, de las que solo recibieron algunas verdades dispersas en medio de un conjunto equívoco y la mayoría de las veces simbólico. Sin embargo, para el estudioso, no hay ningún sistema filosófico antiguo, ninguna tradición, ninguna religión que descuidar, porque todo contiene los gérmenes de grandes verdades que, aunque parezcan contradictorias entre sí, esparcidas entre accesorios infundados, son muy fáciles de coordinar, gracias a la clave que el Espiritismo nos da a una multitud de cosas que podrían, hasta ahora, dar la impresión de no tener razón y de la cual, hoy, la realidad está demostrado de manera irrefutable. No descuides, por tanto, extraer objetos de estudio de estos materiales; son muy ricos y pueden contribuir poderosamente a su educación. "

AFECTIVIDAD

Amar no significa esperar a que alguien satisfaga todos nuestros deseos y necesidades que solo nosotros podemos satisfacer.

De las formas míticas podemos extraer la sabiduría de los siglos, ya que tales historias promueven encuentros con las figuras arquetípicas de nuestra alma y con el camino del desarrollo del amor. La idea de las mitades eternas nació en la Antigua Grecia, y se ha extendido a lo largo de los siglos.

La mitología grecorromana nos transmite, a través de autores antiguos, la siguiente historia: "En una civilización diferente, los seres tenían dos cabezas, cuatro brazos y piernas y dos cuerpos distintos - masculino y femenino -, pero con una sola alma... Vivían en pleno amor y armonía, y precisamente este equilibrio provocó la envidia e ira de algunos dioses olímpicos. Enfurecidos, enviaron a aquella civilización una tormenta llena de truenos y relámpagos, que dividieron los cuerpos, separando la parte femenina de la masculina y partiendo el alma por la mitad... Cuenta la leyenda que hasta el día de hoy los seres luchan en busca de su otra mitad, su alma gemela."

Esta creencia se ha cultivado durante siglos y una gran parte de la Humanidad todavía busca ansiosamente encontrar su "alma afín." Sin embargo, con la Nueva Revelación, los espíritus superiores vienen a aclararnos respecto del concepto de las mitades eternas, enseñándonos que esta expresión es inexacta y que no existe una unión particular y fatal entre dos almas.

Los benefactores nos explican que no existen alianzas predestinadas, sino que cuanto más iluminadas sean las almas, más unidas estarán por los lazos del amor real. Visto esto, podemos comprender perfectamente el significado de las palabras de Jesucristo: *"Habrá un solo rebaño, un solo pastor."*

Un día estaremos todos juntos, reunidos y realizados unos con otros en "un solo rebaño."

El Espiritismo va más allá cuando nos explica que nuestra mentalidad acerca de las almas gemelas se basa exclusivamente en una visión romántica de unión afectiva; en realidad, antes de ser hombres o mujeres, somos espíritus inmortales que viven temporalmente en la Tierra. Muchos tienen una comprensión difusa y narcisista del amor, lo que les hace interpretar su afecto solo por debajo del cinturón; es decir, son incapaces de desarrollar sus sentimientos, abandonándolos a un estado embrionario permanente.

"(...) no hay unión particular y fatal entre dos almas. La unión existe entre todos los espíritus, pero en diferente grado según la categoría que ocupan; es decir, según la perfección que han adquirido: cuanto más perfecta, mayor más unidos (...)"[27]

Estamos viviendo innumerables experiencias terrenas con las más diversas criaturas; conociendo y, al mismo tiempo, fortaleciendo vínculos emocionales con muchos otras a través de varias encarnaciones. Entonces, ¿por qué deberíamos considerar la idea de la búsqueda ilusoria de una persona predeterminada, con quien inevitablemente viviríamos felices por la eternidad junto con los miles de otras parejas eternas

---

[27] Juan, 10:16

que nos habríamos conocido anteriormente? Todo esto se parece más a un egoísmo de amor contrario a la fraternidad cristiana, que nos enseña que un día todos se amarán incondicionalmente.

Los aspectos del amor no pueden verse como si nuestro "yo" fuera el único referente y que todo lo que no encaje en nuestra forma de ser se etiquete como desamor o como "no ser nuestra mitad eterna." Mientras pensemos de esta manera, no amaremos verdaderamente; más bien estaremos creando una "idealización amorosa", en el deseo que los demás nunca se atrevan a estar en desacuerdo con nuestro punto de vista.

Es decir, si alguien no está de acuerdo con nuestra opinión, estaremos seguros que no es nuestra "alma gemela" y, en consecuencia, nunca podrá brindarnos amor verdadero, lo que será un gran error. Amar no significa esperar a que alguien satisfaga todos nuestros deseos y necesidades que solo nosotros podemos satisfacer.[28]

"¿Las almas que deben unirse están predestinadas a esta unión, desde su origen y cada uno de nosotros tiene, en algún lugar del Universo, su mitad con la que inevitablemente nos reuniremos algún día?

No; no existe una unión particular y fatal entre dos almas. La unión existe entre todos los espíritus, pero en diferente grado según la categoría que ocupen; es decir, según la perfección que hayan adquirido: cuanto más perfecta, más unidos. De la discordia nacen todos los males humanos; de la concordia resulta la felicidad completa."

---

[28] Pregunta 298 de *"El Libro de los Espíritus"*

AFECTIVIDAD

En el futuro, la religión superior o natural solo estará basada en la más afectuosa fraternidad y profesada individualmente por la criatura que superó el "ser religioso" y desarrolló en sí mismo el "ser religiosidad."

La vida es un proceso evolutivo y todos somos "seres andantes" en este proceso. Aun nos queda un largo camino por recorrer para lograr el pleno desarrollo de nuestro potencial innato. Las manos divinas nos crearon perfectibles[29]; es decir, fuimos concebidos potencialmente perfectos. Estamos listos, completados; la vida providencial solo espera nuestro despertar; es decir, ahora solo nos queda salir del sueño de la inconsciencia de nosotros mismos.

La mayoría de las veces, debido a que el campo del potencial humano es tan vasto, dirigimos nuestra visión solo a información, conceptos e ideas personales y privadas. No vemos claramente los procesos interconectados que forman parte de la misma red de relaciones invisibles que ocurren en nuestros mundos interno y externo.

Conviene recordar un extracto del discurso del jefe indígena norteamericano Seattle: "Todo lo que le sucede a la Tierra les sucede a los hijos de la Tierra. El hombre no teje la red de la vida; es solo un hilo. Todo lo que lo que hace a la red lo hace a él mismo."

---

[29] **Pregunta 776 de** *"El Libro de los Espíritus"*

Este breve texto resume los pilares de lo que podemos llamar "ecología divina." Todos y cada uno de los seres vivos tienen su valor intrínseco, siendo el ser humano solo uno más de los hilos de la inmensa serie de eslabones de la vida. Esta fue la definición más precisa y esencial de fraternidad: cómo debemos relacionarnos unos con otros en el mundo.

Necesitamos tener una "visión holística" - del griego *holos*: conjunto - de todo lo que nos rodea. "El Creador está en todo y en todos", pero no puede circunscribirse a nada. Así como la firma del artista está en su obra, Dios está igualmente presente en sus creaciones a través de sus leyes divinas o naturales.[30]

La hermandad es el entrelazamiento sagrado entre las criaturas. Tiene la condición de afecto fértil y fructífero; es la única forma verdadera de unión humana.

Una conciencia de esta naturaleza requiere de cada uno de nosotros un cambio radical en la forma en que vemos las creaciones y las criaturas. Esta forma de ver y percibir la existencia produce una profunda conciencia de religiosidad sobre la realidad de quiénes somos y cómo vivimos.

Si nosotros, criaturas humanas, consideramos que el Universo es una inmensa red interconectada y actuamos de acuerdo con este principio, no estaremos haciendo más que reforzar y experimentar la esencia de la palabra religión - del latín *religare*: volver a conectar. En efecto, Cristo vino al mundo para reconectar a los hombres con Dios, y se refirió así a la auténtica religión del futuro: "(...) *Dios es espíritu y los que le adoran, en espíritu y en verdad es necesario que adoren.*"[31]

---

[30] Pregunta 621 de *"El Libro de los Espíritus"*
[31] Juan, 4:24

En el futuro, la religión superior o natural solo estará basada en la más afectuosa fraternidad y profesada individualmente por la criatura que ha superado al "ser religioso" y ha desarrollado el "ser religiosidad."

La maduración y el crecimiento del individuo se produce a través de la sucesión de existencias corporales. "Establece vínculos entre espíritus que se remontan a existencias anteriores. Padre, muchas veces surgen causas de simpatía entre tú y ciertos espíritus que te parecen extraños. Como hemos tenido varias existencias, el parentesco se remonta más allá de nuestra existencia actual [32] y, en consecuencia, el afecto entre las criaturas aumenta cada vez más, consolidándose en ellas los lazos de fraternidad.

¿Qué es la fraternidad? Es tener cariño a todos, considerándolos como hermanos; es el nombre que se le da al sentimiento que une a hermano a hermano. Palabra con origen en latín: *frater, tris* - "hermano de sangre o de alianza." Confraternizar, en el verdadero sentido de la palabra, no es solo compartir las mismas ideas, los mismos ideales o convicciones, sino, sobre todo, respetarlos.

La llamada de nuestro tiempo es más a "actos de fraternidad" que a "actos de beneficencia." Si las primeras existen, las segundas serán sin duda consecuencias naturales.

En el "mundo ético", la búsqueda es del bien común y de la fraternidad. En el "mundo moralista" no hay afecto entre hermanos; la búsqueda es encajar en leyes sociales, que tienen un manto ficticio de derechos humanos, pero que, casi siempre, constituyen reglas o normas partidistas, crueles e inhumanas. La Humanidad actual es más moralista que ética.

---

[32] Pregunta 204 de *"El Libro de los Espíritus"*

Hoy en día, muchas personas están atrapadas en la "robotización de las costumbres." Están excesivamente adaptados a "hábitos irreflexivos"; incluso realizan actos de caridad - ponen en práctica las enseñanzas de Jesús -, sin comprender; sin embargo, cuál es el verdadero significado del amor fraterno.

Son criaturas que utilizan constantemente la palabra fraternidad, llamando a las personas "queridos hermanos." Sin embargo, no tienen la convicción real que, cuando un ser humano llama a otro hermano, es porque ya ha validado en sí mismo un sentido de valor según el cual el bien colectivo y el progreso de la Humanidad están por encima de la religión que profesa.

Los seres que desarrollaron el afecto fraternal aprendieron que toda la Humanidad es parte de un todo interconectado, regido por una sola ley, natural o divina. Sin embargo, nada les impide cooperar fraternalmente con todos y cada uno de los habitantes del planeta, ya que tienen pleno conocimiento de la forma en que las razas y los pueblos viven y entienden la religiosidad. Saben que existen innumerables maneras de ver la realidad: nosotros mismos, los demás, el Universo, la vida y Dios. Por tanto, aceptan pacíficamente las diferencias.

Reconocieron que cada uno de nosotros ve parte de la verdad en el Universo, y que todos tenemos una "visión del mundo" proporcionalmente reducida al tamaño de nuestra ceguera espiritual o distorsión de la realidad.

En la ética o en la fraternidad, la vida social del planeta se convierte en una melodía tocada por muchos instrumentos afinados en una misma tonalidad; todos vibran juntos, aunque solo suena una canción.

Dado que hemos tenido varias vidas, ¿el parentesco se remonta más allá de nuestra vida actual?

"No puede ser de otra manera. La sucesión de existencias corporales establece vínculos entre espíritus que se remontan a existencias anteriores. De ahí, muchas veces, surgen las causas de simpatía entre vosotros y ciertos espíritus que te parecen extraños."

AFECTIVIDAD

Todo lo que existe tiene su origen en el amor, la esencia fundamental de todas las cosas que viven en la Tierra. La búsqueda del amor es el principal anhelo de todo ser humano.

La historia de vida de cada criatura es un relato de sus antecedentes experienciales; el conjunto de tus experiencias pasadas sumadas a las de tu existencia actual. Cuando un individuo cuenta su historia personal y única, solo estamos escuchando su propia interpretación, filtrada por sus creencias, valores, argumentos, presuposiciones, cultura, elementos que utiliza para presentarnos su forma de pensar y ver el mundo.

Podemos contar muchos hechos y sucesos sobre nosotros mismos, dando mayor importancia a algunos aspectos e ignorando otros, o incluso seleccionando diferentes actos y comportamientos que hemos tenido en las más diversas ocasiones. Somos selectivos por naturaleza, y todo lo que decimos, pensamos o hacemos tiene cierta relatividad respecto a otros momentos, situaciones o fases evolutivas.

Cada uno de nosotros tiene una individualidad original y exclusiva. Usando una simple metáfora, podemos decir: "*Cada vez que Dios crea un espíritu, rompe el molde.*"

El alma pasa por un gran número de encarnaciones a lo largo de los siglos, siendo diversas sus experiencias en el ámbito de la afectividad. Como resultado de esto, adquiere un conjunto de conocimientos peculiar, debido a las innumerables situaciones y sucesos que ha vivido.

No somos lo que pensamos, somos lo que sentimos, la búsqueda del amor es el principal deseo de todo ser humano. ¡Es legítimo y saludable, y nos anima a despertar nuestra inteligencia y talentos innatos, con el fin de crear, renovarse y crecer, ya sea en el campo de la Religión, la Filosofía, la Ciencia, el Arte y muchos otros sectores del conocimiento!

Todo lo que existe tiene su origen en el amor, la esencia fundamental de todas las cosas que viven en la Tierra.

El punto de partida de las acciones humanas es el alma, nuestro centro amoroso más profundo, que transmite energéticamente afecto a nuestros sentidos físicos periféricos, al nivel físico-sensitivo.

La aspiración de amor hace que innumerables personas sientan una sensación de insuficiencia o miedo; por ello lo reprimen, de forma inconsciente o voluntaria. Sin embargo, a pesar de intentar reprimir o "borrar" la emoción, nunca podrán silenciar por mucho tiempo el sentimiento amoroso que brota de la intimidad de su propia alma.

Nuestro gran error es creer que el deseo de amar es motivo de debilidad, vergüenza, sumisión o dominio. Este deseo, cuando se reprime, conlleva consecuencias angustiosas y desastrosas, tanto física como psicológicamente.

Los espíritus no tienen sexo "(...) como ustedes lo entienden, porque los sexos dependen del organismo. Entre ellos hay amor y simpatía basados en la identidad de los sentimientos."[33]

---

[33] **Pregunta 200 de** *"El Libro de los Espíritus"*

La suma de todos los actos de nuestra historia de vida podría resumirse únicamente en el hecho que no somos ni santos ni villanos, solo criaturas en busca de amor. Ciertamente, podríamos decir que, a pesar de los más diversos "puntos de vista" y "modelos de mundo" que poseemos, el deseo de amar o la "identidad de sentimientos", repetimos, es el propósito más sublime de todo ser humano.

Utilizamos mecanismos de evasión: por ejemplo, la robotización - servicios automáticos sin placer ni creatividad -, para compensar nuestra insatisfacción en el amor, trabajando de forma incesante y exhaustiva. En otras ocasiones aspiramos a la aprobación total de los demás de todo lo que hacemos o creemos, para llenar el sentimiento de carencia e incompletitud que se apodera de nuestro universo afectivo.

Queremos ser comprendidos a cualquier precio, parecer perfectos, importantes, impresionar a la gente. La máscara es el deseo de ser plenamente aceptado por todos; en última instancia, querer obligar a la gente a aceptarnos, cueste lo que cueste. La actitud de comprensión y amor solo es satisfactoria cuando es sincera y espontánea.

La concepción junguiana de sombra representa el modelo de todo aquello que no admitimos ser y que nos esforzamos en ocultar y/o valores inconscientes y cualidades potenciales olvidadas en lo más profundo de nuestra intimidad, que necesitamos despertar en nuestro interior. En este sentido, Lucas dijo: *"Porque no hay nada oculto que no llegue a ser manifiesto, y nada secreto que no llegue a ser conocido y salir a la luz"*[34]

---

[34] Lucas 8:17

Cuando un individuo entra gradualmente en contacto con aspectos de su sombra, se vuelve cada vez más consciente de sus impulsos, emociones, sentimientos y atributos que ignoraba o negaba en sí mismo. A partir de entonces podrá percibir claramente en los demás los mismos contenidos inconscientes que no vio ni admitió en sí mismo. Al fin y al cabo, piensa: "No me importa, todos somos iguales. Tenemos la misma estructura humana, solo tenemos que aprender a encontrar el equilibrio, porque la virtud está en el camino intermedio."

El amor o cariño incluye la capacidad de ver y reconocer la relatividad de la vida en toda su vigencia y perfecto equilibrio. "Entre ellos - los espíritus -, hay amor y simpatía basados en la identidad de los sentimientos."

La dignidad de la persona humana no se basa en "aparentar amar", sino en "amar de verdad." El barniz cubre el mal, pero no lo suprime; una tumba pintada de blanco parecerá menos lúgubre, pero seguirá siendo una tumba.

El hipócrita finge ser lo que no es, buscando en el fingimiento una fachada para seguir siendo lo que realmente quiere aparentar ante los ojos del mundo.

En el lugar donde reina el amor no hay imposición ni represión; donde prevalecen la imposición y la represión, el amor está ausente. El afecto auténtico se asocia con una expansión de la conciencia y la maduración espiritual. Quien la posee aprende a ser caritativo, generoso, benévolo, dejando a los demás libres no solo de equivocarse, de aprender, de disentir, sino también de amar, reconociendo que las debilidades que muchas veces culpamos a los demás podrían ser las nuestras, mañana.

¿Los espíritus tienen sexo?

"No como tú lo entiendes, porque los sexos dependen del organismo. Entre ellos hay amor y simpatía basados en la identidad de los sentimientos."

CONOCIMIENTO DE SÍ MISMO

El autoconocimiento es la capacidad innata que nos permite percibir poco a poco todo aquello que necesitamos transformar. Al mismo tiempo, aumenta la conciencia de nuestros potenciales latentes, para que podamos convertirnos en lo que somos en esencia.

El autoconocimiento nos da la capacidad de saber cómo y dónde actúan nuestros puntos débiles e incluso a quién atribuimos nuestras emociones y sentimientos, facilitándonos una mejor comprensión de quienes nos rodean. Recorrer el proceso de autoconocimiento significa desarrollar gradualmente el respeto por nuestros semejantes, impidiéndonos hacer proyecciones triviales y frívolas de nuestras deficiencias sobre los demás.

Solo cuando tenemos un conocimiento considerable de nosotros mismos podemos ayudar eficazmente a alguien. Si desconocemos nuestro mundo interior, ¿cómo podemos transmitir seguridad y determinación o dar fuerza a los demás? El autoconocimiento requiere una constante autorreflexión.

Muchas relaciones no funcionan porque las personas no miran dentro de sí mismas, por lo que no se dan cuenta de sus vulnerabilidades y limitaciones. Cuando mitigamos o suavizamos las críticas hacia nosotros mismos y hacia los demás, realmente estamos asimilando las lecciones que nos proporciona el autoconocimiento.

No son los grandes conflictos los que hacen que nuestras relaciones - empresariales, amicales, familiares, matrimoniales -, fracasen, sino más bien un conjunto de "diferencias insignificantes", reunidas durante un largo período de tiempo. Exigencias, groserías, petulancia, insensibilidad, autoritarismo, desinterés, impaciencia, falta de respeto: estos pequeños defectos de la vida cotidiana pueden destruir incluso las relaciones más antiguas y afectivas. Aunque no podemos percibirlo clara y directamente, liberamos pensamientos y emociones inaceptables en la vida interpersonal. Forman nuestro lado oscuro, esa zona del inconsciente que gobierna y, al mismo tiempo, dicta las normas tanto en los enfrentamientos desagradables como en los arrebatos de burlas y chistes en nuestras innumerables relaciones.

Descubrimos hasta qué punto nuestro "yo oculto" está en plena actividad cuando nos reímos exageradamente de una persona que resbala en la calle, o que se equivoca con una palabra, o incluso cuando sufre algún tipo de comparación sarcástica con un punto "censurado" de su cuerpo.

Nuestra "zona oscura" es una región inexplorada e indómita que actúa imperceptiblemente sobre nuestras acciones y actitudes. Generalmente es esta "área" la que participa de nuestras "supuestas bromas" y precisamente influye en el tipo de palabras divertidas y picantes que debemos utilizar en chistes malos, en expresiones maliciosas y burlonas.

El mensaje subliminal de nuestro "mundo oculto" aparece cuando nos horrorizamos ante el comportamiento sexual de las personas, recriminando y discriminando cruelmente razas, credos y grupos "minoritarios."

Los demonios, en la Edad Media, e igualmente las brujas y los herejes simbolizaban proyecciones brutales de nuestro desconocido "lado oscuro." Tormentos y hogueras, guillotina y hierro candente son marcas que marcaron la historia de la Humanidad con los aguijones de nuestra crueldad inconsciente. Es sorprendente cómo nuestras tendencias desconocidas siempre encuentran la manera de "dorarse" con principios filosóficos y redentores o salvadores. La ignorancia de nuestra profunda vida interior nos lleva al valle de la incomprensión de nuestros sentimientos para con nosotros mismos y con los demás. "(...) Los espíritus fueron creados simples e ignorantes (...) Si no hubiera montañas, el hombre no entendería que se puede subir y bajar, y si no hubiera rocas, no entendería que hay piedras duras." Es necesario que el espíritu adquiera experiencia y, para ello, es necesario que conozca el bien y el mal (...)"[35]

Proyectamos nuestra sombra cuando "tomamos a alguien por Judas"[36]; cuando denigramos y juzgamos la sexualidad de otras personas sin ser conscientes de nuestros propios conflictos sexuales. No solo se manifiesta en un individuo, sino que puede expresarse en todo un cuerpo social: en las persecuciones raciales - nazismo, apartheid, Ku Klux Klan y muchas otros -, y en las guerras llamadas "santas" o "religiosas." En otras circunstancias, en un disgusto y un odio visiblemente explícitos e incontrolados revelados a través de palabras y gestos violentos; en aversión o

---

[35] Pregunta 634 de *"El Libro de los Espíritus"*
[36] Expresión alusiva al apóstol Judas Iscariote, aquel que traicionó a Jesús y que se volvió antipático entre el pueblo. Hasta el día de hoy, lamentablemente, se recuerda este episodio y el muñeco que lo representa es golpeado y quemado el sábado de Aleluya, en una plaza pública.

irritabilidad hacia determinadas informaciones publicadas por los medios de comunicación; en actitudes de cinismo y en las situaciones y acontecimientos más comunes de la vida social; y también en proyecciones satíricas o maliciosas en presencia de personas consideradas "diferentes." Es hora que ya no señalemos la "paja" en los ojos de otras personas.

Recordemos a Jesucristo, Notable Terapeuta de nuestras almas, al analizar los conflictos que atormentan al ser humano por no admitir los diferentes aspectos de su propia sombra: *"Asume inmediatamente una actitud conciliadora hacia tu adversario, mientras estés con él en el camino, no sea que el adversario te entregue al juez, y el juez al alguacil, y seas echado en la cárcel."* [37]

Nuestros peores enemigos o adversarios están dentro de nosotros, no fuera. Es fundamental reconciliarnos con nuestros oponentes íntimos; es decir, ver muy claramente nuestro "lado oscuro" para lograr la paz y la tranquilidad de espíritu.

No somos necesariamente lo que parecemos ser. El autoconocimiento es la capacidad innata que nos permite percibir poco a poco todo aquello que necesitamos transformar. Al mismo tiempo, aumenta la conciencia de nuestros potenciales latentes, para que podamos convertirnos en lo que somos en esencia.

¿Por qué está el mal en la naturaleza de las cosas? Hablo de mal moral. ¿No podría Dios crear a la Humanidad en mejores condiciones?

"Ya os lo hemos dicho: los espíritus fueron creados simples e ignorantes (pregunta 115). Dios deja que el hombre elija el camino; tanto peor para él si toma el malo: su

---

[37] Mateo 5:25

peregrinación será más larga. Si no hubiera montañas, el hombre No podría entender que se puede subir y bajar, y si no hubiera rocas, no entendería que hay cuerpos duros. Por eso el espíritu necesita adquirir experiencia y, para ello, necesita conocer el bien y el mal.

CONOCIMIENTO DE SÍ MISMO

Solo tememos lo que no conocemos. El autoconocimiento requiere un ejercicio constante, en el ámbito del pensamiento reflexivo, sobre las sensaciones externas e internas. Vivir una vida sin reflexión es como escuchar música sin melodía.

Es poco probable que quienes no se conocen a sí mismos tengan buenas relaciones con los demás. El ser humano debe eliminar de su vida hábitos y creencias que le hacen desconocer su propia vida íntima. Solo tememos lo que no conocemos. El autoconocimiento requiere un ejercicio constante, en el ámbito del pensamiento reflexivo, sobre las sensaciones externas e internas. Vivir una vida sin reflexión es como escuchar música sin melodía.

Examinando el Nuevo Testamento con los ojos de la psicología, llegamos a la conclusión que Jesucristo fue una criatura extraordinaria y fascinante, un psicoterapeuta por excelencia, además de significativamente moderno. Las palabras, las acciones y la vida del Maestro tienen, en muchos sentidos, un significado oculto que es desvelado por todos aquellos que tienen *"ojos para ver y oídos para oír."*

El apóstol Mateo nos dice: "(...) *vino a ellos caminando sobre el mar. Pero los discípulos, al ver que caminaba sobre el mar, se asustaron y dijeron: ¡Es un fantasma! Y clamaron en miedo, pero en seguida Jesús les dijo: Tened confianza, soy yo, no temáis. Pedro, preguntándole, dijo: Señor, si eres tú, mándame que vaya a ti sobre el agua."*[38]

El agua es imagen de la dinámica de la vida, de las energías y contenidos desconocidos del alma, de motivaciones secretas e ignoradas. Es el simbolismo de la "sombra",[39] de la vida inconsciente, o "más allá del mar" de nuestra existencia como espíritus inmortales. El agua representa todo lo que está contenido imperceptiblemente en el alma, y que el hombre se esfuerza por sacar a la superficie porque siente que podrá alimentarlo y sostenerlo con seguridad.

El Maestro flotaba sobre las aguas; es decir, dominaba el lado oscuro de la naturaleza humana. Comprendió el miedo y la inseguridad en que vivían los hombres - efectos de la sombra personal y colectiva - y las razones de la desunión o segregación de la mayoría de las personas y grupos sociales.

Negamos o no percibimos de forma lúcida esa zona oculta y profundamente influyente que existe en nuestra intimidad. Por esta razón, proyectamos nuestra sombra "ahí afuera", sobre las cualidades o actitudes desagradables de los demás. Cuando sentimos una gran admiración por una criatura, o cuando reaccionamos intensamente contra alguien, ésta puede ser la manifestación de nuestra sombra.

La negación de la sombra nos hace aborrecer las carencias de los demás, evitando verlas en nosotros mismos. También atribuimos nuestros potenciales no desarrollados a los demás, convirtiéndolos en héroes o gurús; alimentamos alianzas enigmáticas o pasiones desmedidas.

---

[38] Mateo, 14:25-29
[39] N.E: Consulte la definición de sombra en el capítulo "Afectividad."

La sombra siempre aparece en nuestra vida diaria; por ejemplo, cuando proyectamos nuestras emociones ocultas, nuestra fragilidad, nuestra inseguridad y nuestros miedos sobre algo o alguien.

"Diablo" - del griego *diabolos* y del latín *diabolus* - significa literalmente "lo que separa", "lo que desune." La "separación" es lo que nos impide ver la unidad dentro de nosotros y la unidad de todos nosotros, ya que dificulta la percepción de los diferentes aspectos evolutivo en nuestra intimidad. Al aceptar nuestros "opuestos" – autoritarismo, subordinación, adulación, desprecio, inutilidad, descuido, engaño, credulidad, posesividad, insensibilidad -, aprendemos el punto de equilibrio de las polaridades: es admitiendo las partes que llegamos al punto medio.

Cuando aceptamos la "unidad" o el "camino intermedio", comenzamos a poner fin a nuestra rivalidad con nosotros mismos y con los demás. Estamos a favor de nuestra realidad, en lugar de ser hostiles a ella.

Nuestra visión del mundo todavía depende de los lados positivos y negativos; de nuestra ambivalencia como seres humanos en evolución; es decir, la coexistencia de actitudes, tendencias y sentimientos opuestos inherentes a la condición humana.

La cualidad mediadora para unir los opuestos y que nos lleva al equilibrio se llama amor. El amor une a las personas y, al mismo tiempo, las conecta con otras criaturas. No podemos proyectar nuestras actitudes groseras, oscuras, insoportables y complicadas sobre entidades externas, como los "demonios." La característica básica de quienes creen en seres creados específicamente para el mal es buscar constantemente un "chivo expiatorio" para todo en la vida. Las criaturas que creen esto necesitan, en el fondo, negar su lado débil o sus impulsos inaceptables, culpando al mundo por el desequilibrio que no ven en sí mismos. Se les considera cazadores crónicos de chivos expiatorios y casi siempre escapan de sus responsabilidades, acciones y consecuencias con una proyección como: "El diablo o los espíritus malignos me obligaron a hacer o decir eso."

El Espiritismo enseña que el desequilibrio reside en la intimidad de cada uno de nosotros. Cuando tenemos el coraje de escuchar a nuestros "demonios" internos - que simbolizan algunos aspectos de nuestra sombra; es decir, aquellas tendencias en nosotros que más tememos y de las que más huimos -, logramos la superación personal más fácilmente. "Si hubiera demonios, serían obra de Dios, y ¿sería Dios justo y bueno si hubiera creado seres eternamente dedicados al mal e infelices? Si hay demonios, habitan en vuestro mundo inferior y en otros semejantes. Son estos hombres hipócritas los que pretenden un Dios justo, un Dios malo y vengativo (...)[40] (...) vino hacia ellos caminando sobre el mar. Pero los discípulos, al ver que caminaba sobre el mar, se asustaron (...)." El Maestro de Nazaret nos invita a caminar sobre el agua, a no tener miedo de mirar dentro de nosotros mismos y sondear nuestras profundidades. La sombra parece ser un "espectro horrible" que vive dentro de nosotros; sin embargo, cuando sacamos nuestro lado oscuro a la luz de la conciencia, veremos que somos solo nosotros, "viajeros del Universo", necesitados de aprendizaje y conocimiento sobre la inteligencia divina que se manifiesta dentro y fuera de nosotros.

¿Existen demonios, en el sentido que se le da a esta palabra?

---

[40] Pregunta 131 de *"El Libro de los Espíritus"*

"Si hubiera demonios[41], serían obra de Dios, y ¿sería Dios justo y bueno si hubiera creado seres eternamente dedicados al mal e infelices? Si hay demonios, habitan en vuestro mundo inferior y en otros semejantes. Son estos hombres hipócritas los que fingen un Dios justo, un Dios malo y vengativo, y creen que le agradan por las abominaciones que cometen en su nombre."

---

[41] La palabra demonio no implica la idea de un espíritu maligno excepto en su significado moderno, porque la palabra griega *daimôn*, de donde proviene, significa genio, inteligencia y se usa para designar seres desencarnados, buenos o malos, sin distinción.

RESPETO

Solo optando por el respeto a uno mismo conseguiremos el respeto de los demás, encontraremos en los demás la misma dignidad que nos damos a nosotros mismos.

¿Cómo nos trata la gente? ¿Nos sentimos constantemente utilizados o faltados al respeto? ¿A veces permitimos que otros nos establezcan metas u objetivos sin consultarnos primero? ¿Sabemos distinguir cuando realmente estamos donando o cuando estamos siendo explotados? ¿Respetamos nuestros valores y derechos innatos? ¿Solemos desempeñar papeles de víctima o de perfecto?

La peor situación que podemos vivir es pasar toda nuestra existencia sin darnos el debido amor y respeto, haciendo cosas completamente diferentes a las que sentimos.

Nuestros sentimientos son una parte importante de nuestra vida. Si les permitimos fluir en nuestro interior, entonces sabremos qué hacer y cómo afrontar las más variadas situaciones cotidianas.

Por eso, no debemos olvidar que cuando nos respetamos plenamente a nosotros mismos, mostramos a los demás cómo deben tratarnos.

Si no nos aceptamos a nosotros mismos, ¿quién nos aceptará? Si no nos amamos a nosotros mismos, ¿quién nos amará?

Marcos informa en su evangelio la siguiente guía:

"Porque al que tiene se le dará, y al que no tiene, aun lo que tiene se le quitará." [42]

En efecto, "se respetará" lo que se respeta y no "lo que no se tiene o se cree tener." Así funciona todo en nuestra vida íntima: "recibimos lo que damos." Debemos esperar de los demás la misma dignidad que nos damos a nosotros mismos. Examinemos nuestros sentimientos y actitudes, y preguntémonos: ¿Por qué permito que la gente me trate con desprecio? ¿Qué anima a los demás a comportarse con desprecio hacia mí?

Si no asumimos la responsabilidad por la forma en que nos tratan, seguiremos siendo impotentes para cambiar el doloroso contexto en el que vivimos. Es muy cómodo culpar a los demás de cualquier decepción o sufrimiento que estemos viviendo. No es fácil aceptar la responsabilidad de nuestras propias ilusiones y decepciones.

Cuando renunciamos al control de nosotros mismos, seguramente otras personas tomarán las riendas de nuestras vidas.

Somos iguales ante los ojos de la divinidad. *"(...) todos tienden al mismo fin y Dios hizo sus leyes para todos. Muchas veces dices: el sol brilla para todos. Con esto dices una verdad mayor y más general de lo que piensas."* [43]

Verdaderamente "el sol brilla para todos", porque "(...) Dios no dio a ningún hombre superioridad natural, ni por nacimiento ni por muerte (...)."

---

[42] Marcos, 4:25
[43] Pregunta 803 de *"El Libro de los Espíritus"*

No somos ni mejores ni peores que nadie.[44] Cuando nos negamos a respetarnos a nosotros mismos, estamos renunciando al derecho de exigirlo. Sin un sentido de valor individual, nos sentiremos disminuidos por el mundo y privados de la capacidad de dar y recibir amor. El tesoro más valioso que poseemos es la dignidad personal.

No es lícito sacrificarlo por nada ni por nadie. Cuando autorizamos a otros a determinar cuánto valemos, el sentimiento de vacío se apodera de nuestra alma. La falta de respeto hacia nosotros mismos es un gran perjuicio para nosotros mismos. Cuando se instala en nuestra casa mental, ya no prestamos atención a las advertencias e intuiciones que surgen espontáneamente del reino interior. Las voces de la inspiración divina son siempre ideas claras, provistas de síntesis y sencillez, que la vida providencial murmura en lo más profundo de nuestra alma.

Cuando nos respetamos a nosotros mismos, somos libres de sentir, actuar, ir, decir, pensar y saber lo que nos autodeterminamos, confiados en que, si estamos preparados, en el momento adecuado el poder Superior del Universo nos dará todo el suministro, todo el apoyo y toda la guía para cumplir el sublime plan que Él tiene reservado para nosotros.

Solo optando por el respeto a uno mismo conseguiremos el respeto de los demás. Encontraremos en los demás la misma dignidad que nos damos a nosotros mismos.

---

[44] Todos los hombres estarán sujetos a las mismas leyes de la Naturaleza. Todos nacen con la misma debilidad, están sujetos al mismo dolor y el cuerpo del rico es destruido como el del pobre. Por tanto, Dios no dio a ningún hombre superioridad natural, ni por nacimiento ni por muerte. Ante él, todos son iguales.

¿Son todos los hombres iguales ante Dios?

"Sí, todos tienden al mismo fin y Dios hizo sus leyes para todos. A menudo dices: El sol brilla para todos. Con esto dices una verdad mayor y más general de lo que piensas."

RESPETO

En un futuro próximo, cuando las mujeres estén legitimadas por lo que quieren lograr, ganarán el respeto de los demás y de ellas mismas.

A medida que el niño crece y se desarrolla en la vida familiar, reproduce o copia todo lo que ve, oye y observa. Los adultos sirven como estándares; es decir, son modelos y ejemplos. A través de la identificación con sus padres, tíos, abuelos o hermanos mayores, o incluso imitando sus actos y actitudes, el niño, consciente o inconscientemente, se modela firmemente en el entorno doméstico.

La socialización es el proceso de adaptación del individuo al grupo social; es el desarrollo de relaciones en la vida grupal, caracterizadas por el espíritu de colectividad y el sentimiento de cooperación y solidaridad.

Particularmente en los niños, la socialización comienza desde el momento en que los padres llevan al recién nacido a casa. Sin embargo, no debemos olvidar que, desde su concepción, el alma, ya ligada al diminuto embrión humano, está fuertemente influenciada por el entorno en el que vive.

Según Jean Piaget, cada niño, en la fase de "socialización doméstica", asimila y modela todo lo que le sensibiliza según su individualidad, utilizando su personalidad única y peculiar, que le distinguirá de los demás. Acontecimientos caseros, actos y opiniones de los adultos, consideraciones sobre ética, religión, costumbres, moral y filosofía, prohibiciones y prejuicios, permisos e intolerancias, todo está modelado en la "arcilla plástica", que es la mentalidad del niño, y perfila al niño por dentro. Preceptos, reglas de conducta y principios que varían culturalmente, de familia a familia, e internamente, de niño a niño. Incluso en gemelos idénticos, el desarrollo psicosocial se producirá de forma diferente debido al bagaje espiritual que cada alma trae consigo, producto de sus vidas sucesivas.

Kardec consulta espiritualidad superior, en la tercera parte, capítulo IX, de El Libro de los Espíritus:[45] ¿Dónde se origina la inferioridad moral de las mujeres en ciertos países?

Y los trabajadores del bien responden: "Del imperio injusto y cruel que el hombre se apoderó de él. Es resultado de las instituciones sociales y del abuso de la fuerza sobre la debilidad. Entre los hombres no muy avanzados, desde el punto de vista moral, la fuerza hace correcto."

La formación sexista que reciben los niños en la infancia influye en ellos a lo largo de su vida. Los hombres están entrenados para ser fuertes, valientes, agresivos, confiados, exitosos y autosuficientes. Para los estudiosos del comportamiento humano, el "estereotipo masculino" comenzó en tiempos prehistóricos, cuando nuestros ancestros masculinos tuvieron que abandonar el miedo y competir por el alimento con los animales.

El machismo es un conjunto de normas, costumbres, leyes y actitudes basadas en reglas socioculturales de los hombres, que tiene el propósito explícito y/o implícito de crear y mantener la sumisión de las mujeres en todos los niveles: afectivo, sexual, procreativo, profesional.

---

[45] Pregunta 818 de "El Libro de los Espíritus"

Cuando las mujeres, en sus relaciones más diversas, rompan con esta visión que deben ser sumisas, solitarias, frágiles y dependientes de los hombres, recuperarán toda su estructura de poder y su sentido de iniciativa.

La "guerra de los sexos", la mayor parte de las veces, intenta imponer, con o sin armas, la supremacía de los hombres sobre las mujeres mediante la violencia, clara o encubierta, salvaguardando intereses falocráticos de las mentalidades medievales.

El sexista actúa como tal, sin poder explicar sus acciones ni percibir sus actitudes externas, porque no es consciente de las estructuras prejuiciosas que tiene interiorizadas en esta u otras existencias. Simplemente se limita a reproducir o poner en práctica todo lo vivido culturalmente en el hogar, en la escuela, en el templo religioso, en la ciudad, en el campo, en fin, en cualquier lugar o situación que le haya influido.

Muchas mujeres, inconscientemente, comparten el machismo hasta el punto de no advertir las estructuras psicológicas de "hegemonía masculina" que regulan sus relaciones afectivas y sociales. Y pueden reproducirlos, sin darse cuenta, en la educación de sus hijos, sean varones o mujeres, contribuyendo así a la perpetuación automática de la idea sexista.

Hay muchos refranes humillantes e insultos irónicos dirigidos a las mujeres, acompañados de risas sarcásticas y despectivas. El "sexismo" - una actitud de discriminación basada en el sexo -, lleva a mujeres ingenuas, inseguras y dependientes a aceptar estas críticas mordaces como naturales, porque el modelo de educación en el que organizaban su mundo íntimo se basaba en estos valores y creencias distorsionadas.

La mujer necesita descubrir que no depende de nadie para vivir su propia existencia, pues tiene dentro de sí una extraordinaria capacidad para realizar cambios positivos. Ella, como el hombre, tiene un mundo por delante, y cada uno puede crecer hasta donde su capacidad, su don, su talento innato lo permitan. Todos estamos dentro de una mutación constante y nos transformamos todo el tiempo en aspectos físicos, mentales, emocionales y espirituales. Nada en la Naturaleza permanece estático; todo fluye a través de los procesos de la vida, dentro y alrededor de nosotros.

En muchas ocasiones, la mujer, en lugar de revertir la desagradable situación que vive, intenta cambiar superficialmente, simplemente reemplazando a su cónyuge por otro, pero sin renovar su forma de sentir, pensar y actuar. Al no preocuparse por erradicar viejos patrones o creencias inadecuadas de su mundo interior, corre el riesgo de atraer a otra pareja igual o muy similar a la que acaba de dejar. La ley de la atracción perpetúa tanto la alegría como la tristeza en nuestras vidas. Nunca debemos permitir que una compañía, asociación o vínculo afectivo, profesional o de amistad ensombrezca nuestra vida hasta el punto de faltarnos el respeto a lo que somos.

En este nuevo milenio, corresponde a las mujeres recuperar su dignidad y el respeto por sí mismas. Descubre verdaderamente que el respeto va de la mano de la autoestima y el bienestar. Debe comenzar el proceso - que muchos ya han hecho -, de valorar tus fortalezas individuales y únicas, utilizando la energía interior para descubrir capacidades innatas y nuevos talentos latentes.

Las constituciones modernas han establecido desde hace mucho tiempo leyes y derechos que establecen la igualdad entre los sexos. Sin embargo, estas leyes y derechos solo tendrán valor y significado cuando sean plenamente asimilados y puestos en práctica por todos aquellos que los validaron.

Es posible que determinadas personas no estén de acuerdo y no acepten nuestras consideraciones, pero no todo está perdido. La diversidad de opiniones y la forma de ver el mundo dependen de la unicidad evolutiva de cada criatura.

Poco a poco se va alcanzando el equilibrio. La visión machista se desmorona gradualmente, dando lugar a la amistad, el respeto y la cooperación entre los seres humanos. En la estructura social del futuro, el sexo del individuo importará poco, porque todos serán igualmente valorados y nunca oprimidos.

En un futuro próximo, cuando las mujeres se legitimen por lo que son y hacia dónde quieren ir, ganarán el respeto de los demás y de ellas mismas. Creer que alguien existe solo para servirnos es una visión egocéntrica y degradante de la Humanidad actual. Enmarcar a las personas en roles sexuales claramente definidos - servidumbre, inferioridad, subordinación -, y utilizarlas como objetos que pueden ser controlados y descartados es inmensamente cruel y despiadado. El amor cristiano no considera roles sexuales, sino que anima a todos los seres a expresar libertad, respeto y amor unos por otros.

¿Dónde se origina la inferioridad moral de las mujeres en ciertos países?

"Del imperio injusto y cruel que el hombre se apoderó de él. Es resultado de las instituciones sociales y del abuso de la fuerza sobre la debilidad. Entre los hombres no muy avanzados, desde el punto de vista moral, la fuerza hace el bien."

LIBERTAD

La libertad, como todos los demás logros del alma, solo se alcanzará verdaderamente si se comparte con los demás.

François Marie Arouet, conocido como Voltaire, poeta y escritor francés del siglo XVIII, escribió: "El placer de la libertad aumenta cuanto más se disfruta." El Creador, que nos dio la vida, al mismo tiempo nos dio la libertad. Lo que llevó a Pablo de Tarso a proclamar: *Para la libertad Cristo nos liberó. Estad, pues, firmes y no os dejéis volver a atar bajo el yugo de la esclavitud."*[46]

La rigidez mental es una de las formas más comunes de atraer el sufrimiento. El cambio es un mecanismo espiritual a través del cual Dios asegura la evolución. Quienes no evolucionan quedan paralizados, desarrollando un verdadero entumecimiento interior.

Para mejorar nuestras vidas, tenemos que empezar a cambiarnos a nosotros mismos desde dentro. Y, para hacerlo, primero debemos deshacer los diversos conceptos erróneos que nos fueron transmitidos involuntariamente por nuestros padres, abuelos, amigos, maestros o incluso por la literatura de diferentes escuelas de pensamiento: científica, filosófica y religiosa. Quizás seamos tan rígidos internamente que nos costará dar los primeros pasos hacia la libertad, pero, con determinación y a medida que pase el tiempo, seremos cada vez más conscientes de lo placentero y satisfactorio que es el

---

[46] Gálatas, 5:1

cambio interior; Entonces todo será más fácil. Cuando nos deshacemos de creencias inadecuadas, todo lo viejo muere dentro de nosotros y comenzamos a reformular o remodelar nuevos caminos, racionalizando nuestro hogar mental y ampliando nuestro universo personal.

Lo aceptemos o no, el mundo está progresando. La Naturaleza está en constante evolución, por lo que debemos autoobservar constantemente nuestros valores, ideas y creencias.

Hay muchas personas que dicen: "Mis padres siempre pensaron y actuaron de esta manera, así que yo también pienso y actúo de esta manera." Otros dicen: "Mi familia siempre ha abrazado estos conceptos; ¿por qué debería cambiarlos?"

Es obvio que no estamos aquí tratando de inducir a las criaturas a despreciar los recuerdos, las enseñanzas o las experiencias familiares, pero debemos comprender que el mundo progresa y, como resultado de ello, muchas cosas cambian en nuestra existencia. Nos guste o no, el cambio siempre genera un desafío existencial.

Incluso si optamos por permanecer estancados al costado del camino, esto no nos sirve de nada, porque la vida está en constante movimiento, impulsándonos de manera natural e invariable. Incluso si no vemos que el avance y el desarrollo fluyan en el momento actual, todos seguiremos marchando bajo la influencia de la ley divina del progreso.

Kardec, sistematizador de las enseñanzas espíritas, cuestiona a las entidades benevolentes: "¿No hay hombres que de buena fe obstaculizan el progreso, creyendo favorecerlo porque lo ven desde su punto de vista y, muchas veces, donde no es?" Y los Bienhechores, bajo la dirección del Espíritu de la Verdad, responden: "Pequeña piedra colocada bajo el volante de un vehículo grande y que no impide su avance."[47]

El profesor Rivail comenta en la pregunta 781 de *"El Libro de los Espíritus"* que: "El progreso, siendo una condición de la naturaleza humana, no está en el poder de nadie oponerse a él. Es una fuerza viva que las malas leyes pueden retrasar, pero no pueden sofocar."

Luchar contra el rumbo de la evolución es como querer sujetar con las manos las olas del mar. La parálisis existencial dificulta la libertad y genera tristeza. La rutina produce angustia y depresión, por eso todos estamos invitados a reformularnos emocionalmente y buscar nuevos conocimientos filosóficos, religiosos y científicos, para que podamos mantener nuestro equilibrio existencial.

¿Lo que tenemos como verdad es realmente la verdad? ¿Nos sentimos bien? ¿Estamos realmente emocionados y felices? De repente podemos quedarnos estancados en determinados contextos y aun no darnos cuenta que necesitamos cambiar nuestra forma de ver la vida. Necesitamos deshacernos de viejos e indeseables hábitos, que son la principal causa del malestar en el que vivimos.

La ley del progreso es universal, pero actúa individualmente sobre cada uno de nosotros. Si algunos progresan más rápido que otros es porque están disfrutando de una nueva visión, están desarrollando una imagen positiva

---

[47] Pregunta 782 de *"El Libro de los Espíritus"*

de sí mismos y de las demás personas. Con esto logran desatar los grilletes que los dejan atrapados en el "suelo de la igualdad."

La vida es un proceso maravillosamente ilimitado; sin embargo, todavía hay – y no son pocos –, quienes ven la existencia de forma canalizada, como si vivieran en la época de Moisés o en la Edad Media. Necesitamos adaptarnos a los descubrimientos de la Ciencia, ya que está completamente interconectada con la Religión. Todo proviene de Dios, incluido el mundo científico.

La libertad es un derecho natural, es parte de nuestra herencia divina y, para crecer, debemos utilizarla siempre que sea necesario. Aquí hay algunas preguntas que podemos hacernos para identificar nuestras creencias y valores, positivos o no, y cómo afectan nuestra vida diaria:

- ¿Cuál es el grado de influencia de las opiniones de otras personas sobre mis acciones y actitudes?

- ¿Qué creencias contribuyen a mi bienestar interior?

- ¿Qué me dificulta tener suficiente autonomía para tomar mis propias decisiones?

- ¿Qué me impide disfrutar de una vida plena?

- ¿Por qué tiendo a pretender complacer a los demás?

- ¿Cuál es el motivo para mantener mi reputación basada en un modelo ejemplar?

- ¿Mis conceptos facilitan la confianza en uno mismo?

En realidad, el libre albedrío - libertad para actuar y pensar -, nos da el poder de cambiar nuestras ideas, nuestros modelos, concepciones o pensamientos, y de optar por creencias más apropiadas o favorables al desarrollo de una nueva concepción del universo interior y exterior.

La libertad, como todos los demás logros del alma, solo se alcanzará verdaderamente si se comparte con los demás.

¿No hay hombres que de buena fe obstaculizan el progreso, creyendo favorecerlo porque lo ven desde su punto de vista y, muchas veces, donde no lo es?

"Una pequeña piedra colocada bajo el volante de un vehículo grande que no impide que éste avance."

LIBERTAD

Para estar en plena libertad, necesitamos dejarnos llevar, fluir por los ritmos de la vida. A menudo, es en el "acto de perder" donde encontramos la razón de nuestra propia existencia.

La libertad es, en ciencia, experimentación y razonamiento; en filosofía, sentido común y sensatez; en religión, discernimiento y naturalidad; en arte, originalidad e inspiración; en la sociedad, la igualdad y la solidaridad.

El estado de libertad de la criatura es proporcional a su grado de madurez espiritual.

El individuo liberado, más que ideas o ideales, elige los auténticos valores del alma, porque reconoce que éstos guían su vida con lucidez, discernimiento y entusiasmo. Tiene excelente sociabilidad, producto de su madurez interior, manifestada en su familia, en el trabajo, en grupos de amistad y actividades religiosas; en definitiva, en todos los sectores de su vida comunitaria.

Considera y valora las orientaciones o sugerencias de los demás - cónyuges, padres, hijos, amigos, educadores, compañeros, etc. -, porque cree que pueden iluminar sus opciones existenciales, pero eso no significa que pierda su autonomía para actuar y pensar libremente. Siempre considera y nunca juzga apresuradamente las experiencias de los demás; más bien los observa y los compara con los suyos propios y, finalmente, los asimila o los rechaza total o parcialmente.

Quienes son libres disfrutan de una atmósfera fluida que facilita un desarrollo espiritual progresivo. No se considera indefenso, sino compañero de viaje de otros seres humanos, pues sabe que en cualquier momento puede rehacer las cláusulas del "contrato" de su existencia.

Allan Kardec preguntó, en *El Libro de los Espíritus*: "¿Tiene el hombre libre albedrío para sus actos?" y "¿Goza el hombre de libre albedrío desde el nacimiento?" [48] Y los informantes de vida superior dieron respectivamente las siguientes aclaraciones: "Como tiene libertad de pensar, tiene libertad de actuar. Sin libre albedrío, el hombre sería una máquina"; y "Hay libertad para actuar mientras hay libertad para actuar. En las primeras etapas de la vida, la libertad es casi nula; se desarrolla y cambia de objeto con las facultades."

A lo largo de la Historia, la libertad de expresión siempre ha sido y será la condición esencial que se encuentra en la estructura psicológica de todo hombre sabio y libre. Estos individuos combinaron el libre albedrío con la reflexión, para elegir decisiones, palabras o acciones que no excedieran sus derechos o los de los demás.

Una de las mayores batallas que debemos afrontar es la de renunciar a la compulsión de sospechar constantemente de todo y de todos.

Para estar en plena libertad, necesitamos dejarnos llevar, fluir por los ritmos de la vida. A menudo, es en el "acto de perder" donde encontramos la razón de nuestra propia existencia.

En el ejercicio del libre albedrío, la legitimidad de la indagación o búsqueda siempre será bienvenida, ya que la "duda sana" mantiene nuestra casa mental en la práctica

---

[48] Pregunta 843 de *"El Libro de los Espíritus"*

constante de la actividad intelectual activa y creativa, mientras que la "certeza absoluta" puede llevarnos a actitudes audaces e insolente.

La circunspección - la actitud de alguien que examina cuidadosamente todos los aspectos de una cuestión o un hecho -, debe ir siempre acompañada de prudencia y consideración. Existe una enorme diferencia entre "circunspección" y "miedo incoherente"; entre "incredulidad patológica" y "sospecha lógica."

El verbo "sospechar" proviene del latín *sospechare*, que tiene la variable *suspicere*, que significa "mirar hacia abajo" o "mirar desde abajo." La persona que vive en la sospecha, a diferencia del libre, no está mirando la realidad de las cosas, sino suponiendo lo que puede existir detrás de los hechos, acontecimientos y actitudes de las personas. El desconfiado compulsivo siempre está preocupado por no ser engañado ni robado, mientras que el liberado sabe que nada ni nadie puede extinguir o apropiarse de sus logros personales.

Los individuos que han alcanzado el estado de libertad viven en equilibrio, porque no creen en todo ni desconfían de todo. Forman parte de la lista de criaturas centradas: diferencian entre lo que existe y lo verdadero, y no imaginan males ilusorios o infundados.

¿Tiene el hombre libre albedrío para sus acciones?

"Como tiene libertad de pensar, tiene libertad de actuar. Sin libre albedrío, el hombre sería una máquina."

¿Disfruta el hombre del libre albedrío desde el nacimiento?

"Hay libertad para actuar mientras hay libertad para hacer. En las primeras etapas de la vida la libertad es casi nula; se desarrolla y cambia de objeto con las facultades. El niño, teniendo pensamientos relacionados con las necesidades de su edad, aplica su libre albedrío para las cosas que le son necesarias.

LUCIDEZ

Mientras vivamos mecánicamente, irreflexivamente y sin la intervención consciente de la lucidez y el discernimiento, nos privaremos de tener una mente tranquila y un corazón en paz.

Como seguidores de Jesucristo, todos lo buscamos como el camino, la verdad y la vida. Encontramos en él la palabra de sabiduría, inspiración y mensaje renovador.

Por otro lado, también podemos descubrir otras fuentes extraordinarias de conocimiento, a través de enseñanzas superiores transmitidas por hombres notables y líderes espirituales - heraldos de Cristo en la Tierra -, lecciones que refuerzan maravillosamente la enseñanza cristiana, en lugar de debilitarla.

Si miramos a estas "luminarias de la fe", veremos que todas compartían la misma base o convicción, cuyas raíces estaban cimentadas en Dios y en las leyes divinas o naturales. Ellos, los cooperadores del Maestro de Nazaret, hicieron más fuerte, más robusto, más sólido el mensaje cristiano, con sus ejemplos y lecciones de compasión, trabajo interior, perseverancia, perdón, paciencia y paz.

Al estudiar las filosofías y religiones orientales, podemos estar seguros que Buda nunca se declaró dios ni salvador, sino que afirmó ser una criatura que había alcanzado la iluminación a través de la autorreflexión; o un caminante que había encontrado su propio camino. Buda no indujo a la gente a adorarlo, sino a seguir sus experiencias de vida y ejercicios espirituales, para que cada uno pudiera encontrar su propia iluminación. Señaló el camino hacia la autorrealización, pero nunca proclamó un camino a seguir.

De hecho, Buda tenía miedo que la gente viniera a adorarlo, porque sabía que es más cómodo adorar algo o a alguien que descubrir por uno mismo la esencia divina que existe en el centro de la propia alma.

El término Buda significa "despierto o iluminado." Su nombre de nacimiento era Siddhartha - del clan Gautama y la tribu Sachias -; era un príncipe cuyo padre gobernaba Kapilavastu, una ciudad en el noreste de la India, cerca de la frontera con Nepal.

Siddhartha Gautama decía: "La persona sabia, que corre cuando toca correr y frena cuando toca frenar, es profundamente feliz, porque tiene sus prioridades bien establecidas."

Solo cuando estamos en contacto con nuestro momento actual vemos las cosas con lucidez; y, como resultado, nuestras prioridades están bien establecidas. "Tener presencia" es ser espectador de tu propio estado íntimo en lo que sientes o haces. Es tener una visión clara tanto del mundo interior como del exterior al mismo tiempo.

Allan Kardec consulta a los Trabajadores de la Vida Superior: "¿La visión de los espíritus está circunscrita como en los seres corpóreos?" Y ellos responden: "No, reside en ellos."[49]

La visión de los espíritus superiores se establece en su intimidad; es decir, no se restringe a ningún lugar, sino que es una lucidez que abarca toda el alma.

---

[49] Mateo, 5:13

Quien ve y comprende las cosas con claridad tiene disposición, voluntad, humor y coraje, ya que no se deja "llevar por el futuro" ni "atrapado en el pasado." Solo cuando estamos en contacto con nosotros mismos es que adquirimos una visión perfecta de cómo ralentizar o acelerar el ritmo de las cosas en nuestra vida. Vivir placenteramente se basa en ver con íntima claridad cómo el deseo y el apego actúan en nuestro interior.

En el deseo corremos ansiosamente a conquistar a cualquier precio lo que no tenemos. En el apego, congelamos nuestro camino, aferrándonos a todo lo que ya poseemos. Buda advierte que no debemos permitir que el juicio de los demás determine quiénes somos y qué debemos sentir o hacer. Por cierto, no debemos dejar que el punto de vista de otras personas decida cuándo correr, reducir la velocidad o parar completamente.

Si dejamos que los elogios y críticas de la gente afecten nuestro "sentido íntimo", entonces seremos prisioneros del juicio ajeno y perderemos la alegría de vivir.

Estar en contacto con nosotros mismos es estar completamente conectado con nuestra propia alma. Nuestro mundo íntimo tiene como actividad natural una función denominada "mensajero", que nos trae, a través de los sentimientos, las señales que nos permiten proteger y dirigir nuestra propia existencia.

Necesitamos darnos cuenta y valorar nuestros sentimientos y emociones, porque son la sal de nuestra vida. Jesús dijo: *"Vosotros sois la sal de la tierra. Y si la sal se vuelve insípida, ¿con qué la salaremos? No sirve para nada, excepto para ser arrojada y pisoteada por los hombres."* [50] "Tened sal en vosotros y vivir en paz unos con otros."[51]

Popularmente se dice que una "criatura blanda" carece de gracia, es aburrida y monótona; Si pudiera, no actuaría basándose en sus sensaciones internas. Solo cuando nuestros sentimientos son reconocidos, observados y estudiados.

claramente en sus manifestaciones físicas y espirituales, un aura de autonomía y seguridad gravita a nuestro alrededor; y, a partir de entonces, seremos respetados y valorados. Las emociones son los mejores informantes de nuestro mundo interior y exterior; Nos advierten, sobre todo, sobre lo que debemos o no debemos hacer. Es observándolos atentamente y sometiéndolos a nuestro sentido común como sabremos comportarnos en las relaciones sociales, emocionales, profesionales y muchas otras.

El deseo y el apego, privados de una conciencia reflexiva, estrechan nuestra visión de la felicidad, descartando nuevas posibilidades para una vida pacífica y alegre.

Mientras vivamos mecánicamente, irreflexivamente y sin la intervención consciente de la lucidez y el discernimiento, nos privaremos de tener una mente tranquila y un corazón en paz.

¿Está circunscrita la visión de los espíritus como en los seres corpóreos?

"No, reside en ellos."

---

[50] Marcos, 9:50
[51] Pregunta 245 de *"El Libro de los Espíritus"*

LUCIDEZ

Los lúcidos no exaltan el talento ni resaltan la incapacidad; simplemente analiza los chorros en su totalidad, utilizando los "ojos de la ecuanimidad"; es decir, de la comprensión, la imparcialidad y la moderación.

El Antiguo Testamento narra que la división afectó completamente la conciencia de los dos primeros seres humanos cuando probaron el fruto del árbol del conocimiento del bien y del mal. Vivían, según el relato bíblico, uno con toda la creación: aun no reconocían sus diferencias, no vivían en la dualidad del bien y del mal, ya que permanecían en un estado de unidad consciente.

Las tradiciones religiosas hebreas crearon una enorme división entre el alma - el bien -, y el cuerpo - el mal -, cuando registraron en sus textos mitológicos la caída del paraíso: el hombre abandona el Jardín del Edén - unidad universal -, y peca; es decir, alcanza la polaridad o el poder de discriminación, el efecto de separar, segregar, dejar de lado.

Sin embargo, la iglesia cristiana primitiva reconoció que cada criatura lleva dentro de sí aspectos positivos y negativos. Pablo de Tarso dijo: *"No hago el bien que quiero, sino el mal que no quiero."*[52]

Estas son las palabras de una criatura que tenía un excelente nivel de lucidez mental. El Apóstol de los Gentiles

---

[52] Romanos, 7:19

buscó mantener su integridad o unidad, admitiendo los rostros desconocidos de su mundo interior. Sabía que no alcanzaría la iluminación si no los aceptaba y suplicó fervientemente al Creador la guía necesaria respecto de estos estados íntimos del alma.

Negar el lado oscuro de nuestra personalidad, o no darle importancia, es subestimar la sutileza de su poder actuando sobre nuestros comportamientos y actitudes. Es fundamental admitir nuestro rostro desconocido, ya que solo podemos redimirnos o transformarnos en la medida en que podemos vernos a nosotros mismos. Usamos el mecanismo de la represión para distraernos de nuestra propia realidad; despreciamos nuestro lado frágil y nos distanciamos de las verdaderas intenciones egoístas que impulsan nuestros comportamientos diarios. A partir de entonces, comenzamos a construir una autoimagen de perfección que nos convierte en "falsos hacedores del bien" o "profesionales del altruismo."

En varias ocasiones, los educadores intolerantes nos han inculcado puntos de vista basados en el idealismo moralista, ignorando la unicidad del ser humano y las particularidades y complejidades de las situaciones existenciales. Nos indujeron a negar, de manera decisiva, todo lo que supuestamente era contrario a la generosidad, la gentileza, la franqueza y la bondad. Todo lo que estaba dividido o fragmentado en nuestra intimidad pasa a formar parte de nuestra sombra.[53]

Ningún proceso de crecimiento es posible hasta que se enfrente adecuadamente la sombra. Enfrentarlo significa examinarlo cuidadosamente y admitirlo plenamente. El nombre junguiano sombra se refiere a las partes desconocidas

---

[53] N.E. Consulte la definición de sombra en el capítulo "Afectividad"

de la personalidad que han sido desterradas de la realidad, porque el hombre no quiere verlas en sí mismo.

La mejor postura para renovarnos en el bien y colaborar verdaderamente con la transformación espiritual de quienes nos rodean es recordar nuestra condición de almas aprendices y permanecer cimentados en la realidad de lo que somos y podemos hacer, y no en la ilusión de lo que debemos ser o hacer.

Jesucristo nos invita a "amar a nuestros enemigos", y Jung, colaborando con las enseñanzas cristianas, nos lleva a una reflexión profunda y lúcida sobre este tema. Nos pide que notemos y, al mismo tiempo, amemos a los enemigos internos, que tal vez no protejan a los enemigos externos, pero pueden mejorar y transformar nuestras acciones y actitudes hacia ellos. Es común pensar que solo existe la sombra negativa: aspectos inadecuados de la personalidad que negamos o no aceptamos en nosotros mismos. Sin embargo, también existe la sombra positiva: todo lo que no sabemos sobre nuestros logros, valores y potenciales innatos y que aun no somos capaces de identificar o desarrollar. Por ejemplo: en muchas ocasiones podemos encontrar a la sombra de un criminal, su lado humanitario fue completamente ignorado por él; y a la sombra de un benefactor innumerables aspectos negativos igualmente desconocidos para él. La sombra no es en sí misma perturbadora; de hecho, lo que más nos desorganiza psíquicamente es no ver las cosas interiores y exteriores como un "conjunto" o un "todo", los aspectos positivos y negativos que existen en todo. Los benefactores espirituales nos enseñan que el espíritu "cuanto menos puro es, más limitada es su visión; solo los espíritus superiores pueden tener una visión de conjunto." Afirman además que en almas elevadas hay "una especie de lucidez universal que se extiende a todo, involucrando a la vez el espacio, el tiempo y las cosas y para la cual no hay oscuridad ni obstáculos materiales."⁵⁴

Esta "lucidez universal" a la que se refieren tiene una profunda relación con la integridad, ya que equilibra el yo interior en una unidad armoniosa. Quienes poseen lucidez no exaltan el talento, ni resaltan la incapacidad, simplemente analizan los hechos en su totalidad, utilizándolos. sus "ojos de ecuanimidad"; es decir, de comprensión, imparcialidad y moderación.

La integridad es la totalidad, plenitud, estado o característica de quien reconoce la totalidad de la vida dentro y fuera de sí mismo, con toda su vigencia, equilibrio y proporción armoniosa.

La conciencia lúcida de la sombra impulsa a la criatura a no buscar más una víctima: alguien o algo a quien acusar y atacar. Ya no necesita ser impecablemente correcta y amable, y ya no hará que los demás sean el blanco de sus desgracias. Solo cuando nuestras debilidades dejen de ser demonizadas seremos llevados a abordarlas en términos de experiencia evolutiva.

La lucidez da integridad al hombre, mostrándole que debe aceptarse a sí mismo. Al mismo tiempo, le proporciona una visión clara que le impedirá proyectar sus debilidades en los demás, lo que le facilitará una comprensión amplia de quienes le rodean.

¿Los espíritus necesitan transportarse para ver dos lugares diferentes? ¿Pueden, por ejemplo, ver simultáneamente ambos hemisferios del globo?

---

⁵⁴ Pregunta 247 de *"El Libro de los Espíritus"*

"Como el espíritu se mueve con la velocidad del pensamiento, se puede decir que ve todo a la vez; su pensamiento puede irradiar y dirigirse, al mismo tiempo, a varios puntos diferentes. Esta facultad depende de su pureza: cuanto menos puro lo es, pero su visión es limitada; solo los espíritus superiores pueden tener una visión de conjunto."

La facultad de ver, en los espíritus, es una propiedad inherente a su naturaleza y que reside en todo su ser, como la luz reside en todas las partes de un cuerpo luminoso. Y una especie de lucidez universal que se extiende a todo, involucra, a la vez, espacio, tiempo y cosas, y para las cuales no hay oscuridad ni obstáculos materiales. Se entiende que así debe ser; en el hombre la visión se consigue mediante el funcionamiento de un órgano impresionable por la luz, y sin luz permanece en la oscuridad. En el espíritu, la facultad de ver es un atributo propio, una abstracción hecha de todo agente externo, la visión es independiente de la luz.

NATURALIDAD

Todos somos aguas de la misma fuente, pero momentáneamente fluimos en cauces diferentes.

Desgraciadamente, la mayoría de nosotros nos comportamos como un barco fuera de control, a merced de vendavales y rocas, porque no tenemos el ancla necesaria cuando soplan los vientos y aumentan las olas.

No creemos que estamos en manos de Dios. Nos sentimos aislados, fuera del contexto universal. No creemos que todo queda en el lugar que le corresponde y que todo tiene un fin providencial. No tenemos una visión detallada de la secuencia del desarrollo de la vida en la Tierra; vemos el mundo desconectado del todo, porque nuestra percepción interior está separada de la inteligencia cósmica.

En el Universo no hay nada que esté desconectado de la sabiduría de las leyes divinas o naturales. Todo lo que existe está de acuerdo con el orden celestial, y cada uno de nosotros es parte de un plan específico de Dios.

En todo hay una relación de coherencia, una conexión o unión; son texturas de una única red universal. Los hilos de esta red astral están tejidos y vigorizados por la energía divina, que está en nosotros y en todas partes. Todavía somos impotentes para percibir todas las líneas invisibles que tejen nuestra existencia.

La ilusión que vivimos separados nos separa de nuestra visión del mundo y nos convierte en los principales adversarios de la vitalidad del planeta. La separación y fragmentación de todo y de todos son creencias distorsionadas que se han extendido como "verdades" dentro de la Humanidad. Todos somos hijos del "alma del universo"; somos parte de un maravilloso entrelazamiento divino.

"Todo es transición en la Naturaleza, por el hecho mismo que nada es semejante y; sin embargo, todo está conectado. Las plantas no piensan y, por tanto, no tienen voluntad. La ostra que se abre y todos los zoófitos no piensan: no, no tienen nada, sino un instinto ciego y natural."

Miremos la expresión anterior: "todo está conectado"; nos da exactamente la idea de Aquel que se revela: el Ser, en los entes; lo invisible, en lo visible; el Creador, en las criaturas.

Nadie ignora hoy que el hombre es un mamífero, ni que tiene una relación ancestral con la llamada "creación animal." Hasta hace un siglo, incluir a los seres humanos en la teoría de la evolución de las especies habría sido una herejía imperdonable.

Las similitudes entre los humanos y otros mamíferos se vuelven cada vez más evidentes a medida que la ciencia los estudia y los compara con diferentes especies. La mayoría de los intelectuales hoy reconocen que somos el resultado de una cadena evolutiva centenaria que también dio origen a otros seres vivos: animales y plantas.

Aunque, hoy en día, muchas personas todavía creen que la Tierra fue creada en seis días y que toda la flora, y la fauna fueron hechas por Dios, para beneficio físico, entretenimiento y deleite espiritual de la especie humana.

En el mar podemos reconocer la inmensa "pirámide de la vida", el hilo místico o el elemento misterioso que con amor nos envuelve todo. ¡No estamos solos! Debajo del agitado y constante movimiento del océano, reina en sus profundidades una serena tranquilidad. Es posible llegar allí, en silencio, utilizando nuestra voluntad y nuestro pensamiento, para restablecer nuestro "eslabón perdido" o buscar nuestra tan deseada paz interior. A través de este ejercicio constante de reflexión o meditación, abandonamos la superficie turbulenta del mundo exterior y redescubrimos la "conexión" con la Naturaleza.

Los escritos místicos de todas las épocas siempre nos han advertido que la Humanidad fracasaría si no comprendiera esta realidad: somos uno, todos somos hermanos.

Todos somos aguas de la misma fuente, pero momentáneamente fluimos en cauces diferentes. De todas las criaturas de la Naturaleza, los seres humanos son los únicos que cuestionan continuamente su propia identidad. De hecho, pertenece a la Humanidad - generada hace milenios en la noche de los tiempos -, el destino de reconocerse a sí misma, emergiendo gradualmente de la inconsciencia en la que se encuentra para la elaboración de su propia conciencia. De este modo, el gran destino del hombre es revelar poco a poco la perfección de los ciclos naturales de los que forma parte, desarrollando sus dones intransferibles y tomando cada vez más conciencia que no está desconectado del destino de sus semejantes. Todas las existencias están interconectadas, con el propósito del progreso y el bien de todos nosotros.

Ciertas plantas, como la planta sensitiva y la venus atrapamoscas, por ejemplo, tienen movimientos que indican una gran sensibilidad y, en ciertos casos, una especie de voluntad, como esta última, cuyos lóbulos atrapan la mosca que se posa sobre ella para aguantar, y que parece tenderle una trampa para luego matarla. ¿Estas plantas están dotadas de la facultad de pensar? ¿Tienen voluntad y forman una clase intermedia entre la naturaleza vegetal y la naturaleza animal? ¿Son una transición de uno a otro?

"Todo es transición en la Naturaleza, por el hecho mismo que nada es semejante y; sin embargo, todo está conectado. Las plantas no piensan y, por tanto, no tienen voluntad. La ostra que se abre y todos los zoófitos no piensan: no, no tienen nada más que un instinto ciego y natural."

Nota - El organismo humano nos ofrece ejemplos de movimientos similares sin la participación de la voluntad, como en las funciones digestivas y circulatorias. El píloro se contrae al entrar en contacto con ciertos cuerpos para negarles el paso. Debe ser como en lo sensitivo, en el que los movimientos no implican, en modo alguno, necesidad de percepción y menos aun de voluntad.

NATURALIDAD

¿Por qué solemos analizar la conducta ética de los hombres solo desde el aspecto teológico y descartar el fundamento científico sustentado en la naturaleza?

Heráclito de Éfeso, sabio filósofo griego, nos dejó una máxima llena de significado: "No se puede entrar dos veces en un río en el mismo lugar." Teniendo esto en cuenta, diríamos que realmente no tocaremos dos veces el mismo río, no solo por la dinámica del curso del agua, sino también porque lo veremos de manera diferente. No somos hoy lo que fuimos ayer y no seremos mañana lo que somos ahora; nos transformamos dinámicamente a lo largo de etapas o fases de superación espiritual.

La naturaleza no hace nada en serie. Cada persona tiene una tendencia innata a ser ella misma. El progreso del alma puede, en términos, compararse con el crecimiento físico.

Cuando observamos el cuerpo de un niño, sabemos que lo único que necesita es el tiempo adecuado para lograr su completo desarrollo físico-emocional. Asimismo, cuando nos encontramos con otro ser humano en cualquier etapa de su ciclo evolutivo, debemos respetar su naturalidad, ya que cada criatura está experimentando un cierto grado de superación interior. Refiriéndose a la marcha del progreso, las entidades benevolentes se expresaron de la siguiente manera: "El hombre mismo se desarrolla naturalmente. Pero no todos progresan al mismo tiempo y de la misma manera; es entonces cuando los más avanzados ayudan al progreso de los demás, a través de la sociedad." contacto." [55] Confundimos constantemente dos conceptos fundamentales en biología: natural y normal. La definición de antinatural, natural, normal, anormal, paranormal sufren cambios significativos a lo largo del tiempo en cada pueblo o nación. Si tomamos como normal al individuo que está completamente libre de traumas, desajustes emocionales o dificultades íntimas, ciertamente no encontraremos criaturas normales.

De hecho, lo "normal" no existe, y cuanto antes nos demos cuenta de ello, más disfrutaremos y participaremos del mundo de la naturalidad. De hecho, es importante recordar que la mentalidad humana, con el tiempo, utiliza su capacidad de reflexión: reestudia la conducta, reelabora valores y cambia conceptos, antes considerados absolutos, por relativos. Recordemos lo que los sembradores de las Buenas Nuevas respondieron a Kardec: "El hombre se desarrolla naturalmente." No es necesario forzar la capacidad evolutiva del ser humano.

Durante siglos, el hombre ha dedicado inmensos esfuerzos a la búsqueda de alguna solución definitiva para comprender las diferencias de comportamiento de las criaturas humanas, ya sea en una cadena de cromosomas, en una investigación psicológica, en un análisis del hipotálamo o en un versículo de la Biblia.

¿Por qué solemos analizar la conducta ética de los hombres solo desde el aspecto teológico y descartar el fundamento científico sustentado en la Naturaleza?

---

[55] Pregunta 779 de *"El Libro de los Espíritus"*

Se observa que los argumentos teológicos casi siempre se vuelven difíciles de entender cuando nos encontramos en países o continentes cuyos habitantes tienen culturas y tradiciones diferentes a las nuestras y siguen otros sistemas filosóficos y religiosos.

Si examináramos a las poblaciones del planeta con una mirada empática a través de los principios de la Naturaleza - viéndolas desde su propio punto de vista -, ciertamente comprenderíamos mejor la diversidad de tendencias, costumbres sociales, actos y actitudes humanas. No solo en las religiones, sino también en la Naturaleza - creación divina en acción -, debemos buscar respuestas para comprender la desigualdad de comportamiento de los individuos.

Toda "noción del mundo" es provisional. Cuando congelamos la concepción de algo o de alguien, distorsionamos la realidad. Nada es estático. La evolución es dinámica. El mundo actual busca estandarizar a las personas sin darse cuenta que la propia Naturaleza está en contra de la estandarización, pues ella misma busca preservar la armonía de la creación, manteniendo la diversidad entre los seres vivos.

Nosotros también somos Naturaleza; Todos tenemos características particulares. Aunque existen innumerables habilidades comunes dentro de nosotros, la peculiaridad es un sello divino impreso en el alma inmortal. Querer ser como todos los demás es una forma de vida muy extraña y contradictoria. No podemos traducir lo interno por lo que vemos en lo externo.

Traemos a la intimidad una singularidad propia. Todos somos diferentes y el éxito de una vida plena es expresarnos ante el mundo utilizando nuestra originalidad.

La inteligencia cósmica nos ha dotado, desde la creación, de los dones y talentos necesarios para darle al Universo nuestra parte de participación.

La tarea más grande que enfrentamos en la Tierra es aceptar naturalmente la condición evolutiva actual y realizarnos manifestando nuestra verdadera individualidad como hijos de Dios en el proceso de crecimiento, diseñado para cumplir los planes divinos que Él ha diseñado para cada uno de nosotros.

¿Posee el hombre dentro de sí la fuerza para progresar o el progreso no es más que el producto de una enseñanza?

"El hombre mismo se desarrolla naturalmente. Pero no todos progresan al mismo tiempo y de la misma manera; es entonces cuando los más avanzados ayudan al progreso de los demás, a través del contacto social."

HUMILDAD

Los humildes aprendieron, a través de la introspección, a constituirse en un "canal o espacio trascendente", por el que circulaba silenciosamente la inteligencia universal.

Buda no fue solo una figura histórica que vivió hace 2.500 años, sino una criatura extraordinaria que, a través de sus propias experiencias, encontró la iluminación y el despertar de sus potenciales internos. Creó una forma de pensar que ofrece respuestas prácticas a diferentes situaciones de vida y, al mismo tiempo, una forma de trascenderlas.

Buda era un psicólogo nato, un instructor único para la solución de problemas humanos, tanto personales como colectivos. Se consideraba un sanador de almas, cuyo remedio era la repentina claridad de la mente para evaluar o resolver objetivamente ciertos hechos o acontecimientos existenciales: el *insight*, en el lenguaje actual.

Siddhartha Gautama enseñó: "¡De qué sirve un cabello y una túnica impecables, oh tonto! ¡Todo dentro de ti está confuso y; sin embargo, peinas la superficie!"

En la época de Jesucristo, los fariseos - la élite religiosa judía, que vivía en estricta observancia de las escrituras mosaicas y la tradición oral -, y de la misma manera, en la época de Buda, los brahmanes - sacerdotes que consolidaron su hegemonía social junto con el sistema de castas -, ambos fueron acusados de formalistas e hipócritas. Fueron reconocidos por su vestimenta rica y pomposa, y por no vivir según lo que predicaban.

Todas las almas venerables de la Humanidad eran y son plenamente conscientes que hablar de humildad no hace humilde a nadie. Realmente, la humildad no tiene nada que ver con la presencia o ausencia de bienes materiales, sino con la forma de comportamiento íntimo.

Hoy en día, la humildad todavía se asocia con la inferioridad, la sumisión y la pobreza; sin embargo, se relaciona con la distinción, la bondad, la lucidez, la gracia y la sencillez. Entre todas las virtudes, solo la humildad no se realza, porque la persona verdaderamente humilde no cree que lo sea. En el texto citado, Buda se refería a quienes se consideraban mejores, más bellos y superiores a los demás, advirtiéndoles de su presunción y reprochándoles la fascinación de una postura elegante, cuando deberían estar más atentos a su desarrollo y crecimiento espiritual.

El humilde examina y reflexiona a los orgullosos porque ellos también lo fueron alguna vez; el arrogante, en cambio, como aun no ha conquistado la humildad, no sabe apreciar y valorar la sencillez. De hecho, solo aquellos que son plenamente conscientes de su valor personal no necesitan exaltarse; quienes no lo tienen exhiben con audacia e insolencia su capacidad, su poder, su prestigio o su cultura.

Los individuos humildes destacan la sencillez de las cosas, dada la sorprendente facilidad para comprender y organizar los datos de una situación. Penetran en la esencia de las cosas, ya que han desarrollado la capacidad de "silenciar la mente." Es en el "silencio mental" donde cesan los ciclos habituales o condicionados de reglas y normas prejuiciosas, donde se interrumpen los patrones de pensamiento inadecuados, de modo que se produce la internalización de la inteligencia universal en nuestro interior.

En algunas corrientes del budismo existe una interpretación errónea del nirvana. Toman como verdad la creencia que el objetivo espiritual del hombre es alcanzar un estado de completa quietud, que conducirá a la supresión del deseo y de la conciencia individual. En realidad, el término nirvana, entendido en su sentido más profundo, debería traducirse como "la unión definitiva de la criatura con el Creador", nunca como sinónimo de silencio interior estático, donde prevalece el "no ser."

Los humildes aprendieron, a través de la introspección, a constituirse en un "canal o espacio trascendente", por el que fluye silenciosamente la inteligencia universal.

Cuando el eminente educador Hippolyte Leon Denizard Rivail pregunta a los espíritus superiores: "¿Cuál es la fuente de la inteligencia?", ellos responden: "Ya lo hemos dicho: la inteligencia universal."[56]

La inteligencia universal es el instrumento a través del cual recuperamos la conexión con la Causa Primera. No se limita a ninguna religión; al contrario, es accesible a todos los seres, pero solo puede ser penetrado por aquellos que tienen "sencillez de corazón y humildad de espíritu."[57] A través de sus infinitos recursos, recibimos las contribuciones más sublimes - psicológicas, filosóficas, artísticas, científicas, religiosas -, ampliando la comprensión de la vida dentro y fuera de nosotros mismos.

---

[56] Pregunta 72 de *"El Libro de los Espíritus"*
[57] *"El Evangelio según el Espiritismo"*, capítulo VII, ítem 2.

¿Cuál es la fuente de la inteligencia? "Ya lo hemos dicho: inteligencia universal."

¿Se podría decir que cada ser toma una porción de inteligencia de la fuente universal y la asimila, como toma y asimila el principio de la vida material?

"Esto no es más que una comparación y no es exacta, porque la inteligencia es una facultad propia de cada ser, y constituye su individualidad moral. Además, como sabes, hay cosas que no le es dado al hombre penetrar y esto es de esa naturaleza en este momento."

HUMILDAD

La vocación es una "marca de nacimiento" que Dios nos da en secreto y, un día, sin que nos demos cuenta, se revelará sencilla y espontánea.

Las criaturas, consideradas espíritus inmortales, portan un caudal de innumerables experiencias adquiridas en la vida presente, en vidas pasadas y en el plano astral.

El despertar de sus potencialidades no se produce de manera abrupta, sino a lo largo de un largo período en el que el espíritu, en la sucesión de acontecimientos en el espacio y en el tiempo, se desarrolla a través del proceso evolutivo que transforma el átomo en el ángel, la piedra en bruto hasta completarse. Por tanto, el espíritu trae consigo, según los progresos realizados, su propia manera de sentir, actuar y comportarse en el mundo.

Cuando volvamos a la escuela terrestre, en los procesos naturales de la reencarnación, presentaremos, en forma de talentos o predisposiciones innatas, el resultado de conocimientos y experiencias adquiridos en tiempos remotos, un conjunto de valores organizados e interconectados que operan como capacidades o habilidades naturales. Estas "experiencias almacenadas" en nuestro núcleo constituyen lo que se llama vocaciones - del latín *vocatio*, acción de llamar, citar, invitar -. Son impulsos internos, independientes de la facultad de razonamiento; es decir, tendencias espontáneas que guían a la persona en sus actividades internas y, en consecuencia, en las externas.

La vocación es una "marca de nacimiento" que Dios nos da en secreto y, un día, sin que nos demos cuenta, se revelará sencilla y espontánea.

"A través de la especialidad de las aptitudes naturales, Dios indica claramente nuestra vocación en este mundo. Muchos males surgen del hecho que no seguimos esta vocación (...) son muchas veces los padres quienes, por orgullo o por avaricia, hacen que sus hijos se desvíen del camino trazado por la Naturaleza y, con este desplazamiento, comprometen su felicidad (...)."[58]

Desde el momento de su nacimiento, el niño lleva en su interior una "determinación superior" que impulsa su desarrollo físico-psíquico-espiritual, sin importar los obstáculos que se presenten en su camino.

Sin embargo, con la colaboración, aceptación y estímulo de los padres en el ámbito familiar, o con su ignorancia, opresión y arrogancia, el niño se desarrollará gradualmente, ampliando y perfeccionando sus capacidades innatas, y progresará inexorablemente y continuamente hacia la meta correcta. Es la fuerza del progreso[59] que existe dentro de cada uno de nosotros.

El niño puede encontrar impedimentos en el entorno familiar, sufriendo prejuicios, incomprensiones, rechazo, perfeccionismo por parte de padres inseguros y neurasténicos, que pueden perjudicarlo y desviarlo momentáneamente de su proyecto de vida o trayectoria interna.

---

[58] Pregunta 928 de "*El Libro de los Espíritus*"
[59] Pregunta 779 de "*El Libro de los Espíritus*

Ciertamente, es el bagaje espiritual del pasado, sumado al entorno de vida actual, lo que moldeará la personalidad del niño en el presente. De este modo, podemos afirmar que, en muchas ocasiones, las actitudes de los padres y otros miembros de la familia o grupo social, a la hora de actuar sobre el niño, acabarán por confundirle e inducirle a aceptar objetivos diferentes, a realizar acciones contrarias a su forma de sentir y pensar, y adoptar ideas de ética, moral, religión y filosofía que están reñidas con su "sentido interior."

Es precisamente en el ámbito familiar donde se originan los llamados problemas infantiles, que generarán en el futuro adultos vanidosos, inadaptados o neuróticos.

Los individuos que no se dejan inspirar por su "pauta innata" o "eje básico", y que se identifican con una imagen construida a partir de las expectativas de los demás y de los deseos, valores y actitudes de padres inflexibles y dominantes, experimentan un sentimiento constante de carencia, de "faltar algo" o que "hay que incorporar algo de fuera." Los sentimientos crónicos de escasez y frustración los acompañan durante toda su vida.

Una criatura insatisfecha siempre busca lo inalcanzable y trata de compensarlo con una actitud de "ser siempre vista o admirada."

El gran problema de la vanidad humana no es solo la "preocupación por la apariencia" o la "pasión por el aplauso"; sobre todo, es la sustitución de la "guía interna" - que proviene de la propia alma -, por la "guía externa" - la preocupación egocéntrica de buscar estatus -, lo que lleva a la persona a tratar de transmitir la imagen, idealizada por ella, de "ser extremadamente importante."

La humildad es lo opuesto a la vanidad. La persona humilde demuestra "sociabilidad amistosa", "juventud espontánea" y "vivacidad única", ya que tiene la capacidad de estar más conectado con su reino interior. Mientras que la persona vanidosa cambia su verdadero "yo" por una identidad simbiótica con el mundo exterior - clubes o asociaciones recreativas, culturales, religiosas, artísticas, políticas, etc.

Ser humilde es darse cuenta que existe un "plan vocacional" para cada uno de nosotros cuidadosamente elaborado por la vida superior.

El mayor regalo de los humildes es su confianza en la organización divina. Se deja guiar por su "guía interior"; sabe que todo está bajo el control armonioso del Universo y, por eso, no teme entregar las "riendas de su existencia" a la soberanía de las manos celestiales. Contrariamente, el vanidoso es imponente, impetuoso e intransigente, no respetando la determinación superior que existe en las criaturas y creaciones. Se nutre de un aura de infalibilidad y de una obstinada tendencia a hacer las cosas a la perfección. La humildad no es solo una entre otras cualidades o potencialidades humanas; es también el que salvaguarda a todos los demás.

A través de la especialidad de aptitudes naturales, Dios indica claramente nuestra vocación en este mundo. ¿No surgen muchos de los males por no seguir esta vocación?

"Es cierto, y son a menudo los padres los que, por orgullo o por avaricia, hacen que sus hijos se desvíen del camino marcado por la Naturaleza y, con este desplazamiento, comprometen su felicidad; ellos serán los responsables de ello."

Entonces, ¿pensarías que sería justo que el hijo de un hombre de alta posición en el mundo hiciera zuecos, por ejemplo, si tuviera la capacidad de hacerlo?

"No hay que caer en el absurdo, ni exagerar nada: la civilización tiene sus necesidades. ¿Por qué el hijo de un hombre de alto rango, como usted dice, haría zuecos si puede hacer otra cosa? Siempre puede ser útil para el alcance de sus facultades, si no se aplican en el sentido contrario. Así, por ejemplo, en lugar de un mal abogado, podría, tal vez, convertirse en un buen mecánico, etc.

Nota - El desplazamiento de los hombres fuera de su esfera intelectual es sin duda una de las causas más frecuentes de decepción. La falta de idoneidad para una carrera es una fuente constante de reveses. Luego, el amor propio, sumándose a esto, impide al hombre fracasado busque un recurso en una profesión más humilde y le muestra el suicidio como remedio para escapar de lo que cree que es la humillación. Si una educación moral lo hubiera elevado por encima de los tontos prejuicios del orgullo, no lo habrían tomado por sorpresa.

COMPASIÓN

Tener compasión es tener una mayor comprensión de las debilidades humanas, es cuando nos volvemos más realistas, menos exigentes y más flexibles con las dificultades de los demás.

Compasión - manifestación de un corazón abierto.

"Hay más felicidad en dar que en recibir." [60] De bienaventurado viene la palabra bendito - del latín *beatus*, que significa "feliz." Beatificar a alguien es declararlo en plenitud de felicidad; por eso comúnmente llamamos venturosos a la gente feliz.

Cristo utilizó frecuentemente esta forma literaria en sus discursos: "Bienaventurados los..." Estas bienaventuranzas fueron y son la fórmula que el Maestro Jesús recomendaba para alcanzar la verdadera felicidad o alcanzar una vida plena.

Tener compasión es tener una mayor comprensión de las debilidades humanas. Es entonces cuando nos volvemos más realistas, menos exigentes y más flexibles con las dificultades de los demás.

Si queremos la paz en el mundo, seamos personas felices. El bienaventurado es agente de paz, así como las criaturas maduras tienen un "sentido de vida" compasivo. Por eso, los espíritus benevolentes afirman: "(...) el que ve las cosas con claridad tiene una idea más justa que el ciego. Los

---

[60] Hechos de los Apóstoles, 20:35

espíritus ven lo que tú no puedes ver; por eso juzgan de manera diferente que tú, pero, nuevamente, esto depende en tu elevación."[61]

Cuando abrimos nuestro corazón a alguien, experimentamos una forma de empatía: sentimos lo que esa persona sentiría si estuviéramos experimentando su situación. Esta es una cuestión de resonancia. Solo podemos apoyar y cooperar si nuestros estados internos están sensibilizados; Solo podemos compartir la alegría o la tristeza de alguien si él también nos toca a nosotros. Si no nos permitimos sentir miedo, amor, tristeza o alegría, no podemos reaccionar ante estos sentimientos delante de las personas e incluso podemos dudar que los estén experimentando. La compasión está asociada con la empatía. Quienes no ponen límites a los bienes que darán o recibirán pierden sentido común. Algunos hacemos favores u otorgamos beneficios a otros sin criterio ni fundamento alguno.

Sin embargo, la empatía no se trata de medir o juzgar a alguien por nosotros. No se trata de ponernos en el lugar de la criatura e imaginar ilusoriamente su sufrimiento. La empatía es el contacto directo entre nuestro corazón y el corazón de otro ser humano.

La ayuda verdaderamente sapiencial es aquella que permite a las personas que nos rodean aprender a desarrollarse, resolviendo por sí mismas sus dificultades.

Ser compasivo no invade la vida de otras personas. Los individuos solo cambian cuando están dispuestos a cambiar.

Algunas religiones pueden distorsionar nuestra concepción del mundo, utilizando la culpa o el fanatismo como forma de controlarnos u obligarnos a donar cosas. La

---

[61] Pregunta 241 de *"El Libro de los Espíritus"*

ceguera del emocionalismo puede llevarnos a la frustración y la decepción. Es posible que nos veamos obligados a otorgar beneficios o participar en donaciones materiales utilizando una forma distorsionada de compasión. Muchos de nosotros nos damos a nosotros mismos porque esperamos recibir a cambio atención y respeto de otras personas. Esta no es una ayuda real ni está unida al amor; es más bien una forma de negociación, seguida de eternas exigencias.

Para poder cooperar eficazmente con alguien debemos renunciar a nuestra arrogancia salvacionista, la de creer que la redención de las almas que amamos depende, única y exclusivamente, de nuestra actuación y de nuestra dedicación. Cada persona es una obra maestra de Dios, y cuando subestimamos la fuerza divina en los demás, nuestras relaciones se vuelven anémicas y secas. La compasión salvaguarda la libertad de sentir, pensar y actuar.

El pueblo bienaventurado al que se refirió Jesús está feliz porque reconoció que no debía vivir de manera egocéntrica; deben vivir una existencia que les ayude a ellos mismos y al bien común. La compasión es el desarrollo del sentimiento de fraternidad que mueve al ser fraterno a tener una noción ética con miras a la integración y la solidaridad entre las personas.

¿Tienen los espíritus una idea del presente más precisa y más justa que nosotros?

"De la misma manera que el que ve las cosas con claridad tiene una idea más justa que el ciego. Los espíritus ven lo que vosotros no podéis ver; por tanto, juzgan diferente que vosotros, pero, una vez más, esto depende de su elevación."

COMPASIÓN

Cuanta más compasión tengamos por los demás, más se expandirá nuestra visión del mundo. Toda criatura digna tiene la compasión como característica común.

La compasión no considera la vestimenta física. Alienta a hombres y mujeres, adultos y niños, europeos y asiáticos, a descubrir su verdadera esencia, a redescubrir sus necesidades naturales y a expresar su singularidad como seres humanos. A partir de entonces, todos se benefician mutuamente, no solo porque tienen mayor libertad para actuar y pensar, sino también porque tienen autonomía para modificar sus vidas, cambiando su mentalidad. La compasión y la sensibilidad son partes del amor cristiano y herramientas eficaces para ponerse en contacto con lo que sienten los demás y escucharlos con tranquila atención. Solo podemos expresar auténtica compasión si utilizamos una atmósfera de aceptación y respeto por las dificultades de los demás. De esta manera podemos penetrar y tocar el espíritu de otra persona.

Cuanta más compasión tengamos por los demás, más se expandirá nuestra visión del mundo. Toda criatura digna tiene la compasión como característica común.

"(...) Es comprensible que los antiguos vieran en el Señor del Universo a un dios terrible, celoso y vengativo; en su ignorancia, prestaron las pasiones de los hombres a la divinidad. Pero no es el Dios de los cristianos quien coloca las el amor, la caridad, la misericordia, el olvido de las ofensas en lugar de las primeras virtudes: ¿podría él mismo carecer de las cualidades que considera un deber? ¿No hay contradicción en atribuirle una bondad infinita y una venganza infinita? El hombre no comprende su justicia, pero la justicia no excluye el bien, y no sería bueno si impusiera castigos horribles y perpetuos a la mayoría de sus criaturas (...)."[62]

Algunos diccionarios ofrecen las palabras lástima y pena como palabras con un significado similar al término compasión. Sin embargo, existe una diferencia considerable entre ellos. La base del aspecto conceptual de lástima y pena tiene una profunda conexión con una forma de ver restringida; es decir, el sentimiento del individuo estaría confinado a una línea horizontal, mientras que la compasión estaría ligada a una acción vertical.

Si nos expresamos utilizando esta alegoría de las líneas geométricas, es para dilucidar los límites en los que todos estamos circunscritos, en lo que respecta al campo del sentimiento y la emoción.

Tener lástima se aprende socialmente; cuando sentimos pena por alguien es porque creemos que esa criatura es impotente e inferior y que, sin nuestra ayuda, no podrá resolver sus problemas existenciales. En otras palabras, se entiende: "Me siento más poderoso, importante, eficiente y superior en relación a ella."

Por otro lado, el sentimiento de compasión surge de lo más profundo del alma, involucrando al que sufre en un ambiente de generosidad, utilizando la solidaridad como forma de ayuda. En la actitud compasiva, la criatura ve a la persona necesitada como un igual, sin distinción alguna, y se

---

[62] Pregunta 1009 de *"El Libro de los Espíritus"*

da cuenta que necesita una mano amiga en ese momento circunstancial y angustioso de su vida.

Tener compasión es recordar que el dolor de otra persona podría ser el tuyo. Es reconocer el sufrimiento de los demás y ayudarlos a superar los momentos difíciles. La compasión está estrechamente ligada a la acción.

El gran "pecado" que se da hoy entre los pueblos y las razas y, asimismo, en todos los ámbitos de las relaciones humanas es la indiferencia y la insensibilidad ante la angustiosa condición del ser humano.

La insensibilidad es la más vil transgresión de las leyes naturales, porque corroe y destruye la forma solidaria de ser y vivir, no solo en la familia sino también en la sociedad.

La alegoría evangélica que el Maestro Jesús hizo de las semillas que cayeron en el camino, entre espinas y cantos rodados, nos hace recordar las relaciones que no germinan, asfixiadas por la frialdad y la superficialidad que muchas veces existen entre los seres humanos. Una mirada pensativa y un abrazo cariñoso curan más que innumerables cajas de medicamentos: el amor expresado disipa todas y cada una de las enfermedades.

A través de los ojos del alma podemos identificar más claramente las aflicciones y dolores escondidos en los demás y, de esta manera, consolarlos o consolarlos con los brazos de la compasión.

Según este entendimiento, ¿las penas impuestas nunca se impondrían por la eternidad?

"Interroga tu sentido común, tu razón, pregúntate si una sentencia perpetua, por unos momentos de error, ¿no sería una negación de la bondad de Dios? ¿Cuál es, en efecto, la duración de la vida, ya sean cien años, en relación a la eternidad? ¿Entiendes bien esta palabra? Sufrimientos sin fin, sin esperanza, por algunas faltas. Los hombres antiguos vieron en el Señor del Universo un dios terrible, celoso y vengativo, esto puede concebirse; en su ignorancia, prestaron las pasiones de los hombres a la divinidad. Pero, ¿no existe el Dios de los cristianos que pone el amor, la caridad, la misericordia y el olvido de las ofensas en lugar de las primeras virtudes? ¿Podría él mismo carecer de las cualidades que considera un deber? ¿No hay contradicción en atribuirle bondad infinita y venganza infinita? Dices que es ante todo justo y que el hombre no comprende su justicia, pero la justicia no excluye el bien, y no sería bueno si impusiera castigos horribles y perpetuos a la mayoría de sus criaturas. ¿Podrías hacer de tus hijos una obligación de justicia si no les hubieras dado los medios para comprenderla? De hecho, ¿no es lo sublime de la justicia, combinada con la bondad, hacer que la duración de las sentencias dependa de los esfuerzos del culpable por mejorar? He ahí la verdad de este dicho: A cada uno según sus obras." (San Agustín)

VALOR

No podemos ser auténticos si no somos valientes. No podemos ser originales si no hacemos uso de la valentía. No podremos amar si no nos arriesgamos. No podremos investigar ni percibir la realidad si no utilizamos la audacia.

La palabra valor o coraje proviene de la raíz latina *cor*, *cordis*, que significa corazón - asiento o centro del alma, la inteligencia y la sensibilidad. Por lo tanto, ser valiente significa actuar utilizando un potencial que viene desde dentro: la voz del corazón. El valor no es arrogancia astuta, determinación astuta o agresividad. Es, en realidad, la certeza íntima que se demuestra en la moderación de acciones y actitudes, en la firmeza de carácter y en el desempeño perseverante de una actividad.

Se necesita valor para aceptar las consecuencias de nuestras acciones y errores; resistir el deseo de vengarse según las ofensas recibidas; sentir y hacer las cosas que creemos que son correctas para nosotros, incluso cuando el miedo al rechazo y la discriminación nos amenaza; aprender a decir "no", evitando que pasemos toda nuestra vida siendo utilizados o explotados; ver las cosas por el lado positivo, esperando siempre una solución favorable; no aceptar responsabilidades que no son nuestras, sino las de amigos o familiares imprudentes que no las cumplen.

La criatura verdaderamente valiente sabe que vivir significa correr riesgos, afrontar lo desconocido. Ella deja atrás el pasado y deja que el futuro surja. El futuro es semilla de posibilidades, el pasado queda atrás; debemos dejarlo pasar. El presente no es más que un desplazamiento hacia el futuro. En cada momento el presente se va convirtiendo en futuro y el pasado se va.

Todos nos enfrentamos constantemente a cosas ignoradas y desconocidas. Asumir riesgos indica la probabilidad de fracaso ante acontecimientos que muchas veces escapan a nuestras manos, al no depender exclusivamente de nuestro compromiso o voluntad.

"El uso de los bienes de la tierra es un derecho de todos los hombres (...) Este derecho es consecuencia de la necesidad de vivir (...)"

Al utilizar los "bienes de la tierra" nos sentiremos temerosos y vacilantes ante los riesgos de la vida, pero estos peligros son muy valiosos para que maduremos. Recordemos que equivocarse es parte del crecimiento, pues es "consecuencia de la necesidad de vivir." Cada vez que tomamos conciencia de nuestros errores, nos acercamos a la verdad. Es una búsqueda o descubrimiento personal; nadie puede hacerlo por nosotros.

Los "bienes de la tierra", mencionados aquí por los espíritus amigos, son también los "bienes éticos", un conjunto de principios o valores universales de una sociedad que se refieren a la vida, a la dignidad de las personas y a la mejora de una comunidad.

Cuando hacemos uso de "bienes éticos", es posible que al principio no sepamos cómo utilizarlos correctamente, pero necesitamos coraje, autonomía y firmeza mental para experimentarlos, y no buscar desesperadamente el consenso o la aprobación de la gente. Es imposible pasar por la vida sin incurrir en grandes dosis de desaprobación. Es la carga que pagamos por vivir en una sociedad donde la diversidad de opiniones es una de las características más llamativas de las criaturas.

Los grandes misioneros de la historia nos enseñan que no podemos complacer a todos y que necesitamos estar libres de las opiniones ajenas.

Usar la propia alma como guía y no necesitar consentimiento externo es el uso correcto del verdadero valor, una postura psicológica que nos satisface, en cualquier nivel, en los logros personales previstos.

No podemos ser auténticos si no somos valientes. No podemos ser originales si no hacemos uso de la valentía. No podemos amar si no tomamos riesgos. No podremos investigar ni percibir la realidad si no utilizamos la audacia. El coraje es una cualidad interior que es lo primero; todo lo demás sucede en sucesión.

Una mirada atenta a la vida de Jesús revelará a la criatura extremadamente valiente, que predicó la tenacidad ante situaciones emocionales o moralmente difíciles y que no tuvo miedo de afrontar la desaprobación. Sin embargo, muchos de sus seguidores distorsionaron sus enseñanzas, transformándolas en un catecismo de culpa, miedo y sumisión.

El Maestro de Nazaret siempre se comportó basándose en su conciencia personal, su integración con la divinidad y las leyes naturales, y no porque alguien le dictara su forma de pensar o comportarse.

El Cristo de Dios estaba impulsado por razones internas que literalmente no tenían nada que ver con si a alguien le hubiera gustado o disgustado lo que había dicho o hecho. Siempre consideró los mandamientos de Moisés, pero sabía que todo lo que se escribe y se traduce literalmente, así como todo lo que se relata oralmente; es decir, se transmite de generación en generación, se envuelve a lo largo de los siglos con una atmósfera similar a la bólica o mítico.

"No penséis que he venido a revocar la Ley y los Profetas. No he venido a revocarlos, sino a cumplirlos plenamente (...)."[63]

La actitud de "dar cumplimiento", proclamada aquí, estaba cubierta con valiente nobleza para la ejecución, realización y desarrollo de algo conducente a la actualización del mejoramiento moral de la Humanidad.

Jesús no tuvo miedo de correr riesgos, porque sus valores no eran locales; es decir, no fueron analizados desde una perspectiva geográfica particular. El Maestro se consideraba perteneciente a la vida universal; trascendió las fronteras tradicionalistas: familia, raza, ciudad, estado o país. De hecho, la valentía de los renovadores es generalmente etiquetada, debido a la mediocridad o incomprensión de la Humanidad, como rebelión, desobediencia y alteración de valores preestablecidos o convencionales.

¿Es el uso de los bienes de la tierra un derecho para todos los hombres?

"Este derecho es consecuencia de la necesidad de vivir. Dios no puede haber impuesto un deber sin haber dado los medios para satisfacerlo."

---

[63] Mateo, 5:17

VALOR

La autorreflexión o la actitud de mantener un intercambio constante con la "voz del alma", nos daría la suficiente libertad, seguridad y coraje para guiarnos por nosotros mismos. Es bueno recordar que pueden obligarnos a "ser esclavos", pero no pueden obligarnos a "ser libres."

El valor es una capacidad importante del alma, porque da consistencia a los demás, elevándolos. Da lugar a la confianza en uno mismo y realiza eficazmente nuestras aspiraciones y deseos. Sin embargo, muchos dones y talentos se ven comprometidos por falta de coraje.

La espiritualidad superior no quiere que seamos sumisos a la voluntad de los demás, ni incapaces de tomar decisiones, sino que nos apropiemos de nuestros valores innatos, demostrando determinación y firmeza ante la vida, porque esto naturalmente resultaría en sufrimiento físico, psíquico y consuelo espiritual.

El mundo superior nos anima a utilizar nuestro propio potencial para que podamos descubrir la fuerza y el coraje que existen dentro de nuestra intimidad. Nos llama, principalmente, a sacar la luz que llevamos dentro y a no rendirnos a refugios externos.

Ningún hecho o acontecimiento está más allá de nuestra aptitud o capacidad para afrontarlos. La vida nunca nos presenta un problema sin que seamos capaces de solucionarlo.

Se debe enseñar la confianza en uno mismo desde el nacimiento, y no se debe confundir la necesidad de aprobación con la búsqueda de afecto o amor. Para fomentar la confianza en uno mismo y la valentía para tomar decisiones en un adulto sería necesario que, desde temprana edad, los niños no fueran educados con grandes dosis de control o aprobación. Sin embargo, si un niño crece sintiendo que no puede, bajo ningún concepto, decidir y que, en nombre de las "buenas maneras", necesita pedir permiso a sus padres para actuar en todo momento, las "semillas neuróticas" de la inseguridad están sembrados en él, el miedo y la falta de confianza.

La búsqueda de aprobación aquí mencionada nada tiene que ver con la sana actitud de los padres de orientar y educar a sus hijos, sino con la actitud destructiva de imponer a los menores la necesidad de someter todo a la opinión y consentimiento de los adultos.

Necesitar el permiso de una persona ya causa frustración y desgracia, pero el problema se agrava cuando la necesidad de consentimiento se vuelve genérica. Cualquiera que se comporte de esta manera está condenado a encontrar mucho desánimo y desaliento en la vida. Además, el individuo incorpora una autoimagen disfrazada o irreal, erradicando de su existencia la posibilidad de realización personal.

La necesidad de autorización tiene como génesis la siguiente estrategia psicológica: "nunca te confíes de inmediato; antes que nada, consulta tus ideas y pensamientos con los demás."

El conjunto de conocimientos y valores de nuestra cultura tradicional es el tipo que refuerza en los individuos una postura interna de búsqueda de aprobación como patrón normal de conducta. No se fomentan la autonomía y la independencia; por el contrario, lo convencional se consolida.

La autorreflexión o la actitud de mantener un intercambio constante con la "voz del alma" nos daría suficiente libertad, seguridad y valor para guiarnos por nosotros mismos. Es bueno recordar que pueden obligarnos a "ser esclavos", pero no pueden obligarnos a "ser libres."

El mensaje del poder universal es siempre aquel que impulsa el desarrollo de nuestro potencial o dones naturales. Despertar es saber que la única manera de conocer genuinamente algo es examinándolo o percibiéndolo personalmente; es decir, utilizando las leyes divinas que están dentro de nosotros. *"No podéis decir: ¡Aquí está! ¡Aquí está! Porque he aquí, el Reino de Dios está entre vosotros."* [64] Por lo tanto, los bienhechores espirituales afirman que: "La sociedad solo podría regirse por leyes naturales, sin la ayuda de las leyes humanas (...) si los hombres las entendieran bien, y serían suficientes si existiera el deseo de practicarlas (...)."[65] Las instituciones que estructuran nuestra sociedad establecen en la mayoría de los individuos una forma de pensar en la que prevalece como norma el acuerdo o uniformidad de opiniones, sentimientos, ideas, creencias y pensamientos, y esta postura psicológica actúa implícita y silenciosamente y, casi inconscientemente, a la vez en un núcleo de colectividades.

Cuantos más elogios, aplausos y halagos necesitemos, más estaremos en manos de otras personas. Si algún día damos algún paso hacia la independencia, la autoaprobación o el coraje de decidir, ese paso no será bien recibido por quienes nos controlan. Estas nuevas y saludables actitudes

---

[64] Lucas 17:21
[65] Pregunta 794 de *"El Libro de los Espíritus"*

serán tachadas de egoístas, frías, despreciables e ingratas, en un esfuerzo por mantenernos dependientes de todos aquellos que, durante años, nos mantuvieron bajo su dominio y poder.

Cuando dejamos que otros guíen nuestra forma de sentir, pensar y actuar, les damos consentimiento para usarnos o manipularnos cómo y cuándo quieran.

Nuestro valor reside en ellos, y si se niegan a darnos su valoración positiva, nos sentiremos "nada"; es decir, emocional o moralmente inútiles.

Estas palabras de Pablo constituyen la síntesis perfecta de un ser humano extraordinario que actuó con valentía ante la sociedad de su tiempo: "(...) *no hablamos para agradar a los hombres, sino para agradar a Dios, que escudriña nuestros corazones.*"

¿Podría la sociedad regirse únicamente por leyes naturales, sin la ayuda de las leyes humanas?

"Podrían hacerlo si los hombres las entendieran bien, y serían suficientes si existiera el deseo de practicarlas. Pero la sociedad tiene sus exigencias y necesita leyes particulares."

COMPRENSIÓN

Cuando se trata de "comprender en Dios", no neguemos nada, no afirmemos nada, solo esperemos confiadamente. El estado numinoso es la mano misteriosa que nos acerca a lo que nos es útil y nos aleja de lo que no nos es útil.

Las enciclopedias incluyen en la entrada "religiosidad" las más diversas observaciones lingüísticas, lo que nos impide una comprensión clara y una noción definida sobre este tema. A pesar del abanico de ideas y definiciones que podemos encontrar, aquí dejaremos constancia de un concepto que, a nuestro juicio, encaja mejor con la palabra religiosidad: "estado íntimo en el que el alma se identifica con lo sagrado"; es decir, "el encuentro del hombre con lo sagrado," lo numinoso." La palabra *"nume"* proviene del latín *numen, inis* y significa "divinidad."

El "numen" es la esencia de la idea de lo divino. Esta esencia se encuentra en la inspiración o intuición, mientras que su experiencia se siente en el corazón de las criaturas a través de un estado afectivo de absoluta confianza en el orden divino.

Cuando se trata de "comprender en Dios", no neguemos nada, no afirmemos nada, solo esperemos confiadamente. El estado numinoso es la mano misteriosa que nos acerca a lo que nos es útil y nos aleja de lo que no nos es útil.

El individuo involucrado en el sentimiento numinoso está influenciado por las cualidades trascendentales del Creador. Esta sensación íntima es captada por los caminos invisibles del espíritu y, para muchos, todavía es considerada una experiencia indescifrable, misteriosa e irracional; es decir, un enigma para el ser humano.

Sin embargo, es fundamental recordar que "a los ojos de quienes miran la materia como una sola fuerza de la Naturaleza, todo lo que no puede explicarse por las leyes de la materia es un universo maravilloso o sobrenatural[66], no se entiende con claridad ni se ve como un universo." Actitud natural y espontánea.

Por eso, Allan Kardec pregunta a los promotores del bien: "Si no podemos comprender la naturaleza íntima de Dios, ¿podemos tener una idea de algunas de sus perfecciones?" Y los espíritus amigos responden: "Sí, algunos. El hombre las comprende mejor a medida que se eleva por encima de la materia; los vislumbra a través del pensamiento."[67]

El "templo de la comprensión" de lo sagrado o numinoso no está en caminar por un sendero florido y verde en una llanura tranquila y pintoresca, sino en escalar la cima de una montaña majestuosa, donde se pasan los empinados senderos de la inspiración y los estrechos senderos de la introspección.

Cuando estemos dispuestos a soltarnos y entregarnos en manos divinas, podremos comprender que ese estado de confianza y entrega a Dios no es más que posibilidades

---

[66] "El Libro de los Médiums", Primera Parte, capítulo II, ítem 10.
[67] Pregunta 12 de *El Libro de los Espíritus*.

naturales; son capacidades peculiares o comunes a todos los hombres.

Debemos entender que la comprensión humana es limitada y que hay hechos y situaciones que no podemos resolver por nosotros mismos. Solo confiando en la inteligencia superior comienzan a revelarse cosas inexplicables en nuestras vidas.

Es esencial; sin embargo, que entendamos la expresión "encomendarse en las manos de Dios" como una "valiosa manifestación de devoción y de fe" y nunca como una "manifestación de entrega desesperada ante la pérdida y la ruina."

En el primer caso, ¿tiene el significado de lo que es el bien?

Lo mayor debe prevalecer por encima de cualquier solución o juicio de nuestra parte. Cuanto más cultivemos la compulsión de saberlo y resolverlo todo, más se nos escaparán las respuestas y menos oportunidades tendremos de disolver las dificultades existenciales.

Sin embargo, no podemos olvidar que los dones que Dios nos ha dado no deben servir como pasaporte para la apatía, ya que el libre albedrío, la inteligencia, la voluntad y el sentido crítico son dones que podemos y debemos utilizar para afrontar las crisis que se presentan en nuestra vida diaria.

En el segundo caso, hay una expresión de acomodación, apatía y mala voluntad. Es una postura de darle la espalda a la guía celestial. Hay toda una actitud de no pedir ni esperar ayuda, sino simplemente querer que la solución parezca como en un cuento de hadas.

Para comprender los dones de Dios, a veces es necesario cerrar los ojos a todo lo que nos rodea y abandonar nuestro síndrome de omnipotencia y obstinación inflexible, que es el de sobrevalorar nuestras propias ideas, resoluciones y empresas.

Permanecemos en un "estado numinoso" cuando poseemos la plena comprensión que estamos apoyados por la fuerza sagrada del Universo. Vivimos en un "estado numinoso" cuando nos soltamos y nos entregamos solo a Dios y confiamos en Él.

Si no podemos comprender la naturaleza íntima de Dios, ¿podemos tener una idea de algunas de sus perfecciones?

"Sí, algunas. El hombre las comprende mejor cuando se eleva por encima de la materia; las vislumbra a través del pensamiento."

COMPRENSIÓN

La comprensión de "natura" - palabra latina, la Naturaleza o esencia personificada de las cosas -, debe ser vista como un soberano que se dedica a esclarecer constantemente los conflictos personales y los enigmas de la Humanidad.

Comprender la naturaleza determina lo que es verdad o no. Nos lleva a la escuela de sabiduría de las abejas, los pájaros carpinteros, las hormigas y las arañas, mostrándonos que, detrás de ella, hay leyes sabias que nos enseñan lo que hacen la deducción, la suposición y la apreciación. Simplemente no pueden explicárnoslo.

La Naturaleza es creación divina, producto de la "determinación de Dios", y nosotros, hijos del poder universal, también somos Naturaleza. Por tanto, en nosotros actúa una voluntad superior: "siendo el hombre perfectible, y llevando en sí el germen de su perfección, no está destinado a vivir perpetuamente en el estado natural (...)", pues la fuerza del progreso es una condición inherente. de la vida humana. La Naturaleza garantiza la evolución.

En Asís, en el siglo XIII, el ilustrado Francisco Bernardone elogió la interacción del hombre con la Naturaleza en su *"Canto al Sol"*, en el que alaba con alegría al hermano Sol, a la hermana Luna, a la hermana Agua y a la madre Tierra, mostrándonos la profunda conexión que todos tenemos con la Naturaleza. Somos parte de ella como ella es parte de nosotros; el libro de la Naturaleza integra nuestra intimidad.

Las "leyes divinas o naturales" se crean en nuestra conciencia[68], donde se encuentra la conexión más perfecta con la divinidad. No debemos olvidar que el término conciencia, utilizado por los benefactores espirituales en este número de *"El Libro de los Espíritus"*, es sinónimo de alma, y no de la popularmente llamada "conciencia crítica" - parte crítica de la personalidad que se manifiesta cuando analizamos actos y actitudes y los clasificamos como buenos o malos.

Tarde o temprano, la "comprensión de la Naturaleza" aclarará los enigmas más intrincados de la Humanidad, ya que, si no la utilizamos a través de la lógica o la inferencia - ejercicio intelectual mediante el cual se afirma una verdad como resultado de su conexión con otras ya conocidas -, nos llegará a través de nuestro sentido interno, que es independiente de la razón intelectual y de las consideraciones mentales o moralistas.

Podemos comprender mejor nuestros sentimientos desde los reinos de la Naturaleza. Los animales tienen emociones - miedo, ira, alegría, celos, afecto -, que se manifiestan en las más diversas expresiones. Si examinamos detenidamente estas expresiones desde el punto de vista de sus funciones al servicio de impulsos y necesidades en el proceso de adaptación de los individuos al medio, veremos que algunas son restos heredados de ancestros prehomínidos, comunes a toda criatura humana.

Muchas de nuestras conductas son innatas y no aprendidas, ya que se repiten en todos los seres humanos, en las más diferentes regiones, épocas y culturas. La

---

[68] Pregunta 621 de *"El Libro de los Espíritus"*

"comprensión de la Naturaleza" es un rayo de luz en el lago de oscuridad de la visión humana.

Si observamos los aspectos biológicos y psicológicos de las expresiones de los animales en diferentes situaciones: hambre, peligro, placer, amenaza, etc., nos servirán de inspiración para comprender el "por qué" de nuestras acciones y actitudes.

Nos parece sumamente importante estudiar el comportamiento social e individual de los animales en comparación con las costumbres humanas como hechos sociales. Las expresiones, los gestos y cambios de rasgos y energías que los preceden y acompañan son patrones de comportamiento que crean una especie de "lenguaje fisionómico", si podemos decirlo, universal y uniforme, que utiliza las mismas fibras del nervio facial para expresar sus sentimientos; y que salvaguarde las proporciones adecuadas - dimensión, intensidad, tamaño y estética -, en el ser humano.

He aquí algunas de las expresiones instintivas o contracciones faciales comunes tanto en los hombres como en ciertos animales: el levantamiento de la ceja en señal de indignación; la postura erguida y erguida ante el desafío y el ataque; puños cerrados con ira; el abrir mucho los ojos por la sorpresa; sonrojándose de vergüenza; la contracción del entrecejo en concentración; la protuberancia de los labios superiores y la nariz levantada con indiferencia; las cejas juntas y la boca firmemente cerrada en obstinación; el tirón de los labios y una repentina exhalación de disgusto; el brillo de los ojos de satisfacción; elevación de las cejas y comisuras de la boca caídas de tristeza; y muchos más. "(...) El hombre, al tener todo lo que hay en las plantas y en los animales, domina todas las demás clases mediante una inteligencia especial (...)."[69]

La concepción aislada de la vida que muchos de nosotros cultivamos hoy moldea al hombre, sofocando su interconexión con la naturalidad y promoviendo la estandarización neurótica de la vida social y el mantenimiento del *status quo*.

Somos seres inmortales y traemos como herencia espiritual una colección de bagajes aun desconocidos. Nuestra unicidad tiene raíces adquiridas al cruzar los caminos naturales de la existencia.

Si cada día aprendes más sobre las leyes de la Naturaleza y sabes que cada ser es algo "no nacido"; es decir, "aquello que debe nacer" y que, incluso antes de nacer, hay en él una forma latente y potencial, el hombre será cada vez mejor, participando y viviendo socialmente, sin olvidar el principio de naturalidad común a todos los seres vivos.

Aunque todos hemos experimentado la irracionalidad en los reinos más pequeños de la vida, hoy somos potencialmente racionales, aunque en la gran mayoría de las criaturas aun no se ha despertado efectivamente esta racionalidad, sino solo su intelectualidad.

La comprensión de la *"natura"* - palabra latina -, la Naturaleza o esencia personificada de las cosas, debe verse como un soberano que se dedica a esclarecer constantemente los conflictos personales y los enigmas de la Humanidad.

¿Son lo mismo el estado natural y la ley natural?

---

[69] Pregunta 585 de *"El Libro de los Espíritus"*

"No, el estado natural es el estado primitivo. La civilización es incompatible con el estado natural mientras que la ley natural contribuye al progreso de la Humanidad."

Nota - El estado natural es la infancia de la Humanidad y el punto de partida de su desarrollo intelectual y moral. El hombre, siendo perfectible y llevando en sí el germen de su perfección, no está destinado a vivir perpetuamente en el estado natural, como tampoco está destinado a vivir perpetuamente en la infancia. El estado natural es transitorio y el hombre es liberado por el progreso y la civilización. La ley natural, por el contrario, rige a toda la Humanidad, y el hombre mejora a medida que comprende y practica mejor esta ley.

INDIVIDUALIDAD

La individualidad está asociada con una expansión de la conciencia y la madurez personal.

"¿Cómo puedo ser yo mismo?", se pregunta mucha gente, ¡si ni ellos mismos saben quiénes son! Así es como nos sentimos, perdidos y confundidos, cuando nos animan a ser nosotros mismos.

¿Cómo podemos admitir nuestra individualidad, o ser quienes somos, si durante años hemos vivido enredados y confundidos en las necesidades y conceptos de los demás?

Todos tenemos nuestra propia manera peculiar de desarrollarnos física, emocional y espiritualmente. Cada día vamos descubriendo más sobre nosotros mismos, aceptándonos como almas inmortales temporalmente sujetas a la condición humana, con todas sus debilidades, sensaciones y sentimientos.

No tiene sentido luchar contra la marea. Necesitamos respetar los ciclos dentro y alrededor de nosotros. No podremos superarlo: la marea, como nosotros, está controlada por las fuerzas de la Naturaleza. Cuando aprendemos a respetar nuestras etapas de crecimiento, aceptándolas como parte del orden natural, progresamos de forma segura y constante.

Desde que el hombre comenzó a navegar por los océanos, las olas siempre los han cautivado y asombrado. Es probable que la fascinación del hombre por el movimiento del mar esté ligada a una comprensión inconsciente que de allí venimos físicamente.

Las mareas son provocadas por la fuerza gravitacional conjunta de la Luna y el Sol, que mueve las aguas del mar. Cuando utilizamos las expresiones "marea baja" o "marea alta" para referirnos a nuestro estado íntimo, en realidad nos estamos identificando con la Naturaleza y, al mismo tiempo, reconocer que los fenómenos naturales gestionan tanto el mundo exterior como nuestro mundo interior. Debemos armonizarnos con la Naturaleza; es decir, con todas las creaciones y criaturas de nuestro mundo.

Ser quienes somos significa aceptar nuestra historia de vida exactamente como es. Es decir, aceptar nuestras condiciones - físicas, mentales y trascendentales -, tal como son en el momento presente. Esto nos facilita renovarnos, crecer y cambiar para mejor.

¡Cuánto dolor, cuánta enfermedad proviene del descuido de no querer buscar el verdadero sentido de la vida! Quienes buscan el núcleo espiritual se liberan del dominio de la psicopatología. Aprendes a cuidar de ti mismo con más amor, porque has abierto dimensiones interiores previamente desconocidas, tomando plena conciencia, desde allí, de tu unidad primordial: el alma.

El individuo es la combinación de factores cuerpo-mente-alma. La separación de la naturaleza humana en distintas partes se remonta a los pensadores griegos antiguos. Platón fue el primero en establecer esta línea divisoria, seguido posteriormente por varios teólogos y filósofos de la Edad Media. Nuestra vestimenta corporal puede ser un maestro sabio y dedicado, siempre dispuesto a enseñarnos cómo crecer, o, si se analiza de manera prejuiciosa, puede convertirse en una pesada cruz que cargaremos durante toda la vida, llevándonos al desequilibrio.

Una persona no solo está formada por sus experiencias espirituales, sino también por sus experiencias materiales. Cada una de tus experiencias queda marcada, primero, dentro de ti y, después, en el vehículo físico. Así como podemos determinar la edad de un roble analizando sus anillos de crecimiento - círculos alrededor de su tronco -, de la misma manera es posible leer la historia de una persona a través de su cuerpo físico-espiritual.

"(...) los conocimientos adquiridos en cada existencia no se pierden. Liberado de la materia, el espíritu los preserva. Durante la encarnación, puede olvidar momentáneamente parte de ellos, pero la intuición que guarda sobre ellos ayuda a su avance. Sin esto, siempre debe empezar de nuevo. El espíritu comienza, en cada nueva existencia, desde el punto al que llegó en la existencia anterior." Quienes se individualizan es porque tomaron conciencia de la "huella de las percepciones que tuvieron y de los conocimientos que adquirieron en sus existencias anteriores"[70]; las suma a las de la vida actual y, por tanto, evalúa y analiza sus ideas innatas.

La individualización del ser se produce a través de un proceso a través del cual la criatura toma conciencia de sus aspectos únicos, o incluso cuando toma conciencia que esas características la diferencian de otras personas. Sin embargo, sabe que no es ni mejor ni peor que nadie; simplemente se destaca de los demás por sus particularidades.

La individualidad está asociada con una expansión de la conciencia y la madurez personal.

---

[70] Pregunta 218 de "*El Libro de los Espíritus*"

El concepto espírita de ideas innatas - un conjunto de ideas e ideales que traemos de vidas pasadas a nuestra vida actual y que utilizamos de forma natural y espontánea -, viene a cooperar con el proceso de individualización, facilitando nuestra transformación interior y/o auto iluminación.

Somos espíritus distintos, no solo por las experiencias de reencarnación de esta y otras vidas pasadas, sino también por la unicidad que el Creador imprimió a cada uno en el momento de la creación. "Dios creó a todos los espíritus simples e ignorantes; es decir, sin ciencia" y, concretamente, "dio a cada uno una determinada misión (...)."

¿El espíritu encarnado conserva alguna huella de las percepciones que tuvo y de los conocimientos que adquirió en sus existencias anteriores?

"Le queda un recuerdo vago que le da lo que se llaman ideas innatas."

¿No es entonces una quimera la teoría de las ideas innatas?

"No, los conocimientos adquiridos en cada existencia no se pierden. Liberado de la materia, el espíritu los preserva. Durante la encarnación, puede olvidar momentáneamente parte de ellos, pero la intuición que conserva sobre ellos ayuda a su progreso. Sin esto, siempre debe empezar de nuevo. El espíritu parte, en cada nueva existencia, desde el punto al que llegó en la existencia anterior.

Entre los espíritus, ¿algunos fueron creados buenos y otros malos?

"Dios creó a todos los espíritus simples e ignorantes; es decir, sin ciencia. A cada uno le dio una misión determinada con el objetivo de iluminarlos y hacerlos alcanzar, progresivamente, la perfección en el conocimiento de la verdad y acercarlos a ella eterna y la pura felicidad es para los que alcanzan esta perfección, los espíritus adquieren este conocimiento, pasando por las pruebas que Dios les impone, algunos las aceptan con sumisión y llegan más fácilmente al fin de su destino, excepto murmurando faltas, quedan lejos de la perfección y la felicidad prometidas.

Según esto, ¿los espíritus serían en su origen, como niños, ignorantes y sin experiencia, adquiriendo gradualmente los conocimientos que les faltan a medida que pasan por las diferentes fases de la vida?

"Sí, la comparación es justa; el niño rebelde sigue siendo ignorante e imperfecto; según su docilidad, disfruta más o menos. Sin embargo, la vida del hombre tiene un fin y la de los espíritus se extiende hasta el infinito."

INDIVIDUALIDAD

Individualizarse significa reconocer tu propia manera de desarrollarse, emocional y espiritualmente.

Carl Gustav Jung definió la individualización como un proceso mediante el cual una persona toma conciencia de su individualidad.

La individualidad puede definirse como el conjunto de atributos que constituyen la originalidad, la unicidad de una criatura, y que la distinguen de muchas otras; es la suma de las características inherentes al alma humana. Toda criatura que se ha individualizado se ha convertido en un ser homogéneo, pues ya no busca compararse con los demás; admite su singularidad.

El ser vivo, atravesando innumerables etapas evolutivas a través de las más diversas encarnaciones, trae consigo una inmensa gama de rasgos de personalidad acumulados en vidas pasadas, asemejándose a verdaderas "fotocopias del pasado."

Como no tenemos una percepción clara de nuestra verdadera identidad, somos esclavos de las opiniones de otras personas.

En determinadas etapas de nuestra vida, pensamos que somos lo que otros creen que somos. Somos dependientes. En otros, dejamos de ser dependientes y sumisos de los demás y nos vinculamos únicamente a lo que pensamos de nosotros mismos. Somos independientes.

Sin embargo, cuando todo sugiere tranquilidad y certeza, aparece un vacío existencial; algo fundamental parece faltar en nuestras vidas y entendemos que todavía estamos en la superficie de nuestra intimidad. Entonces comienza la búsqueda más profunda dentro de nosotros mismos - el proceso de individuación.

La máscara de autonomía que llevábamos cae y descubrimos que simplemente representaba un compromiso entre nosotros y la sociedad respecto de lo que alguien parece ser: nombre, sexo, nacionalidad, título, profesión u ocupación. En realidad, todos estos datos son ciertos; pero cuando se trata de nuestra individualidad profunda, representan poco, ya que están vinculados a logros externos y metas del ego.

El paso esencial en el proceso de individuación es la eliminación de nuestra máscara o persona, una personalidad que presentamos a los demás como real, pero que, en muchas ocasiones, difiere considerablemente de la real. Si bien la máscara tiene importantes funciones psicológicas para nuestra protección en determinados períodos de la vida, también nubla y oculta nuestro verdadero "yo"; es decir, el alma.

Para llegar a ser un individuo es necesario ejercitar el autoconocimiento y la autoobservación constante, de modo que podamos distinguir claramente lo que somos ahora y lo que éramos ayer, sin querer dar cabida a todos los puntos de vista de las personas con las que convivimos.

Individualizarse significa reconocer la propia manera de desarrollarse física, emocional y espiritualmente.

Los benefactores espirituales enfatizan que las leyes divinas "deben ser apropiadas a la naturaleza de cada mundo y proporcionales al grado de avance de los seres que los habitan."[71] Las leyes naturales que dirigen la vida son sabias y justas y actúan sobre cada individuo de manera relativa. manera y no generalizada.

La omnipotencia divina tiene en cuenta la inmensa diversidad de los niveles de madurez de los seres humanos; por tanto, el juicio es siempre proporcional al estadio evolutivo de cada criatura. Cuando nos identificamos con nuestro Yo más profundo, reconocemos que somos espíritus inmortales y, en consecuencia, de nuestra intimidad emerge una conciencia liberada del mundo mezquino, pequeño y personal del ego. Abierta a una postura ética de participación en intereses colectivos, la conciencia se identifica con una visión del mundo, donde todas las cosas están unidas por una red sutil y compleja de hilos invisibles.

¿Las leyes divinas son las mismas para todos los mundos?

"La razón dice que deben ser adecuados a la naturaleza de cada mundo y proporcionales al grado de avance de los seres que los habitan."

---

[71] Pregunta 618 de *"El Libro de los Espíritus"*

SEGURIDAD

Solo tropiezan los que van en el camino. Solo aquellos que son libres de intentarlo cometen errores.

La palabra "penitencia" - del latín *poenitentia* -, significa arrepentimiento, redención. De él procede otro término, "penitenciario", con origen en los tribunales romanos, donde se concedían o no las absoluciones.

Por extraño que parezca, "penitenciario" hoy no tiene el mismo significado etimológico que cabría esperar; es decir, lugar donde se redime un delito cometido. Tanto las cárceles de hoy, como muchas de las del pasado, no crearon ni desarrollaron mecanismos educativos y de promoción social para la renovación y recuperación de los que podríamos llamar "penitentes."

En general, el preso se vuelve más perverso y corrupto después de ingresar en prisión, lugar que debería tener como único fin el reajuste moral del ser humano. Éstas son paradojas del nivel evolutivo de nuestra Humanidad.

Al reflexionar sobre estas cuestiones, tal vez podamos redirigir los conceptos que rodean a las celdas y las penitenciarías a otros niveles de comprensión y reestructurarlos en nuevos puntos de vista.

Es interesante observar que las personas encarceladas durante varios años, cuando están fuera de los muros de la prisión, comienzan a sentir miedo y una enorme inseguridad sobre el futuro. En la celda, estos hombres se sentían seguros e invariablemente recibían comida, ropa y ropa de abrigo. Cuando salgan de la cárcel y entren en contacto con otras personas, con la comunidad y, finalmente, con los elementos de la vida cotidiana, la realidad para ellos adquirirá otra dimensión.

Si antes tenían una certeza ficticia y no estaban preocupados por el mañana, ahora comenzarán de nuevo, liberados, una nueva etapa existencial. La libertad en este momento; sin embargo, les traerá los imprevistos comunes de una vida libre y, en consecuencia, innumerables vacilaciones y ansiedades.

Fuera de prisión, tienen que trabajar para satisfacer sus necesidades básicas; entonces surge el miedo de no poder saciar su hambre, de no tener un techo que los cobije, porque, de ahora en adelante, necesitan usar su sentido interior y guiarse por sí mismos. Necesitan proveerse de su propio sustento, lo que, en esta coyuntura, les generará miedo y malestar.

En la intimidad también somos así. Atrapados durante años en la "celda del ego", viviendo en un cubículo supuestamente seguro, sentimos mucha estabilidad y bienestar.

Renunciando a nuestra verdadera libertad, porque preferimos la falsa protección de la celda interior y unas pocas migajas de comodidad rutinariamente fugaz, no salimos de la prisión donde nos encarcelamos.

Son células que nos dan pálidos honores y éxitos efímeros, a un alto precio emocional -, creado por nosotros mismos para castigarnos.

Muchas personas terminan en el "infierno íntimo" porque no se liberan del apego, la culpa, el orgullo y el dolor. Nosotros creamos:

- células que aíslan los sentimientos.
- células que compiten por las alturas sociales.
- células que piden afecto.
- células que disfrazan el perfeccionismo.
- células que apoyan el fanatismo religioso.
- celdas que confinan la propiedad ajena.
- células que aspiran al poder público.
- células que fomentan la lujuria.

Hay innumerables prisiones que parecen cómodas. Aunque disfrazados de terciopelo y muebles refinados, perfumes y joyas costosas, no dejan de ser prisiones que confinan el alma, impidiéndole expandir la conciencia.

Salir de las cadenas mentales o de la "célula egoica" no es tan fácil. Somos conservadores, complacientes y estamos tan sujetos a una robotización de hábitos que nunca adquirimos un bienestar psicológico duradero. Sin darnos cuenta, pagamos un alto precio por algo que las normas sociales dicen que es seguro y garantizado.

Soltar las cadenas que nos ponemos y darnos la autoabsolución es lo que más necesitamos en el momento actual. El hombre verdaderamente liberado sabe que siempre estará corriendo riesgos y, en consecuencia, nunca tendrá una seguridad absoluta. Solo tropiezan los que van en el camino. Solo aquellos que son libres de intentarlo cometen errores.

La vida es un proceso dinámico; no puede ser predeterminado según nuestra pequeña visión evolutiva.

Nadie puede decir con total certeza qué pasará mañana. En los caminos de las múltiples existencias caminamos con mil y una incertidumbres.

De acuerdo con las enseñanzas de los nobles emisarios de la Codificación "(...) solo Dios es señor soberano y nadie puede igualarlo"[72], pues incluso las entidades superiores que han alcanzado la perfección absoluta no tienen conocimiento completo del futuro. Y continúan afirmando que "(...) El espíritu ve el futuro con mayor claridad, a medida que se acerca a Dios"

Incluso podemos entender por qué algunos dicen que la libertad conlleva cierta cantidad de inseguridad.

Al principio, cuando empezamos a vivir fuera de las cuatro paredes del ego, fuera de los barrotes de la falsa estabilidad, podemos sentir vacilaciones, incertidumbre e incluso mucho miedo.

Volvamos al ejemplo de la celda: los internos visten ropas estandarizadas y no eligen su comida. Elegir la ropa y elegir determinados alimentos son ventajas primordiales para quien ha alcanzado la libertad. Tomar tus propias decisiones, ser libre de cometer errores, bailar, correr, reír y jugar, ser independiente para trabajar cómo y dónde quieras, hacer tu propio horario, viajar y conocer gente nueva: esta es la recompensa de toda criatura libre.

Qué quieres: la seguridad de tu celda - una "hermosa prisión" donde puedes vivir sin conciencia -, o una sana inseguridad; es decir, vivir para ti mismo, utilizando la dirección que te dan la fuerza y el potencial del alma, forma de sentido interior?

---

[72] Pregunta 243 de *"El Libro de los Espíritus"*

¿Los espíritus conocen el futuro?

"Esto todavía depende de su perfección; a menudo, solo lo vislumbran, pero no siempre se les permite revelarlo.

Cuando lo ven, les parece presente. El espíritu ve el futuro más claramente a medida que se acerca a Dios. Después de la muerte, el alma ve y abarca, de un vistazo, sus migraciones pasadas, pero no puede ver lo que Dios le tiene reservado; para ello es necesario integrarse en él, después de muchas existencias."

¿Tienen los espíritus que han alcanzado la perfección absoluta un conocimiento completo del futuro?

"Completa no es la palabra, porque solo Dios es soberano y nadie puede igualarlo."

SEGURIDAD

Ceñirse a una sola línea de pensamiento o corriente filosófica puede parecer la forma más segura de vivir, pero es la más infantil de ellas.

El Universo infinito está formado por una cantidad incalculable de mundos que se entremezclan e interconectan entre sí. Nuestro planeta representa una pequeña nave espacial que viaja a través del Cosmos. Estamos en un viaje sin fin, navegando por el espacio exterior, ajustados y guiados por las leyes soberanas de la divina providencia.

A menudo cohabitamos espacios multidimensionales con otras sociedades astrales, pero vibramos en diferentes frecuencias de sintonía, lo que nos impide percibir claramente esta realidad. Son innumerables los ámbitos donde viven aquellos a quienes un día amamos y/o que, en la presente encarnación, nos precedieron en el viaje de regreso a la patria espiritual.

Hay momentos en la vida en los que nos envuelven anhelos inexplicables o sentimientos indefinibles de extrañar a alguien. Me viene a la mente el deseo de ir más allá de las barreras de la memoria presente, de visualizar criaturas amadas, pero no hay forma de distinguirlas a través de los sentidos físicos. Nos invade una sensación de nostalgia y, en la acústica del alma, algo nos habla de un pasado lejano y nostálgico.

La cuna y la tumba son simples fronteras entre una condición y otra. No nos damos cuenta que estamos interconectados a través de varias reencarnaciones y que hay una infinidad de personas a las que amamos y con las que pasamos tiempo en viajes largos.

Muchos de nosotros estamos confinados y apegados a los lazos sanguíneos de la vida actual, aferrándonos profundamente unos a otros porque hemos aprendido a amar solo a nuestros parientes más cercanos. Formamos un equipo familiar basado en el apego; estamos atados a vínculos corporales, que generan inseguridad y "neurosis de separación."

Esta forma de vida no trae seguridad; la gente percibe el mundo a través de un dualismo reduccionista, lo que les lleva a sobrevalorar el *status quo*. Las personas independientes y seguras ven la existencia de una manera creativa y hábil, viendo soluciones claras y objetivas a sus relaciones problemáticas, ya que utilizan una visión amplia de la familia, nunca fragmentada o unilateral.

Los individuos que despiertan a la grandeza de los dominios de la Creación rompen los grilletes de la posesividad que los ataban a sus parientes terrenales temporales. Caminan por la Tierra como peregrinos sin nacionalidad y sin hogar, porque comprenden los fundamentos superiores de la familia universal. Contemplan la nave terrestre bajo el impacto del progreso espiritual y observan la transformación que altera los caminos de sus habitantes - compañeros de viaje -, a través de la ley de la reencarnación.

"Ellos le dijeron: He aquí, tu madre y tus hermanos y tus hermanas están afuera y te buscan. Él preguntó: ¿Quiénes son mi madre y mis hermanos? Y mirando a los que estaban sentados alrededor de él, dijo: He aquí mi madre y mis hermanos. Quien hace la voluntad de Dios es mi hermano, mi hermana y mi madre."

Cuando maduramos, no solo damos importancia a los valores y principios éticos asimilados individualmente en la relación familiar o religiosa actual, sino también a los valores y principios éticos de cada ser humano. Tenemos mucho que aprender de los demás; necesitamos respetar la realidad de todos y recordar que gran parte del mundo está fuera de nuestro campo de visión. Todo extremo nos lleva a la inseguridad; la seguridad está en medio de los extremos.

Cuando expandamos nuestro nivel psicológico-espiritual, observaremos la vida desde la perspectiva de la pluralidad de existencias y veremos que tanto el amor como el odio atraen a las almas antes, durante y después de su encarnación.

¿Cuántos padres y hermanos hemos tenido? ¿Cuántos cónyuges e hijos han compartido el mismo ambiente hogareño con nosotros? ¿Cuántas criaturas, mucho más numerosas que hoy, ya han intercambiado con nosotros ternura, atención y cuidados?

Si hiciéramos una "ecuación simbólica" para comprender mejor la inmensidad de seres queridos que ya han disfrutado con nosotros del mismo entorno emocional, podríamos tener una noción más precisa de la "familia universal" o de la "cantidad de afecto" que algún día nos encontraremos en el mundo astral.

Suponiendo que ya hayamos recorrido alrededor de doscientas encarnaciones en nuestro viaje evolutivo, y que, en cada una de ellas, hayamos tenido tres hijos y nos hayamos casado una sola vez, así sería nuestro "cálculo figurado": alrededor de doscientos maridos o esposas y seiscientos hijos esperando más allá de la tumba. ¿Con qué criaturas viviríamos? Las cosas ignoradas o no pensadas crean más inseguridad que las conocidas o ya analizadas.

Allan Kardec, sistematizador de las enseñanzas espíritas, ofrece en *El Libro de los Espíritus* la respuesta dada por las almas superiores a esta pregunta: "Vemos nuestra vida pasada y la leemos como en un libro; viendo el pasado de nuestros amigos y de nuestros enemigos, vemos su paso de la vida a la muerte."[73]

Según el pensamiento de la espiritualidad superior, los espíritus se conocen porque han cohabitado la Tierra. El hijo reconoce a su padre, a su amigo, a su amigo, de generación en generación.

Los seres humanos seguros no reprochan a nadie; más bien ven, en todos y en sí mismos, una conexión continua e inseparable con el Creador y con las criaturas. La ilusión nos hace creer en la existencia de un "mundo exterior" - físico o astral -, independiente o separado del "mundo interior", cuando, en realidad, son solo dos caras de un mismo tejido, en el que se entrelazan los hilos de todos. Los hechos y todas las formas de conciencia están interconectados en una red inseparable.

El "amor sin fronteras" - el amor verdadero -, es siempre respetuoso y comprensivo, totalmente diferente de la actitud posesiva y limitada dirigida solo hacia los familiares consanguíneos. Cuando "el amor enferma", induce a los seres al aislamiento, y esto asfixia todo lo que les rodea.

La espiritualidad superior nos enseña a pensar de manera integral, recordándonos que somos parte de un todo

---

[73] Pregunta 285 de *"El Libro de los Espíritus"*

mucho más amplio. Para estar seguros necesitamos tener una visión de la totalidad.

Según el apóstol Juan, así oró Jesús, levantando los ojos al cielo: "(...) para que todos sean uno. Como tú, Padre, estás en mí y yo en ti, para que ellos sean uno en nosotros (....)."[74]

Lo que debió llevar más tarde a Pablo de Tarso a escribir a las iglesias de Galacia: "No hay judío ni griego, no hay esclavo ni libre, no hay varón ni mujer; porque todos vosotros sois uno en Cristo Jesús."[75]

Nos sentimos seguros entre hermanos, y el verdadero significado de la fraternidad es precisamente mirar a nuestro alrededor y redescubrir que, cuando utilizamos el "pensamiento holístico", nos liberamos de las viejas ataduras de una visión lineal o simplista. Ceñirse a una sola línea de pensamiento o corriente filosófica puede parecer la forma más segura de vivir, pero es la más infantil de ellas.

Cualquiera que sea nuestra instrucción religiosa, solo nos convertimos en personas seguras cuando aprendemos a pensar en términos de universalidad, reconociendo nuestro papel en la unidad de la vida, tanto física como espiritualmente, y buscando, sobre todo, el bien común: manteniendo un compromiso con el colectivo. *"Quien hace la voluntad de Dios es mi hermano, mi hermana y mi madre."* Ésta es la propuesta cristiana de ampliar nuestro concepto de familia, de Humanidad; de un mundo ético, de todos modos.

¿Los Espíritus se conocen porque han cohabitado la Tierra? ¿El hijo reconoce a su padre, a su amigo, a su amigo?

"Sí, y así de generación en generación."

---

[74] Juan 17:21
[75] Gálatas 3:28

¿Cómo se reconocen en el mundo de los Espíritus los hombres que se encontraron en la Tierra?

"Vemos nuestra vida pasada y la leemos como en un libro; viendo el pasado de nuestros amigos y de nuestros enemigos, vemos su paso de la vida a la muerte."

RENOVACIÓN

Al renovarse, el hombre transformará el mundo. No debemos centrar nuestra atención en modificar las cosas de fuera, sino en mejorar o despertar las cosas de nuestro interior.

Resonancia proviene del latín *resonantia*, aquello que resuena, que hace eco, que retumba. Es un fenómeno físico que se produce por la propagación de ondas sonoras en todas direcciones. Puede comenzar con cualquier cambio mecánico: el ruido de una ventana, una voz aguda, un aplauso o el toque de una tecla del piano. Estas ondas en movimiento son las que se escuchan. Es resonancia.

Sin embargo, los sonidos nunca ocurren al azar, ya que obedecen a ciertas leyes inmutables de la Naturaleza.

Cuando pasamos por un extenso valle o un acantilado y, por ejemplo, emitimos cualquier ruido, el rebote de la onda sonora hace que se perciba claramente como una señal diferente a la transmitida originalmente. El ruido de las tormentas en las montañas es una secuencia de reflejos que hacen eco, constituyendo el fenómeno llamado reverberación.

La armonía o desequilibrio en el ambiente familiar es, en realidad, una "resonancia o reverberación personal o colectiva" resultante de las actividades mentales del "yo" individual o grupal que forman el clima energético del hogar. Los momentos infelices que vivimos con los miembros de nuestra familia son lecciones que debemos asimilar en nuestro universo interior. Según el excelente escritor francés

Voltaire, "el azar no es más que la causa desconocida de un efecto desconocido."

"Los padres muchas veces transmiten un parecido físico a sus hijos. ¿Transmiten también un parecido moral?"

"No, ya que tienen alma o espíritu diferente. El cuerpo viene del cuerpo, pero el espíritu no viene del espíritu. Entre los descendientes de las razas no hay más que consanguinidad."

De la misma manera que no podemos protestar ni luchar contra los ecos que resuenan por efecto de nuestros propios ruidos o palabras, no debemos regañar a las personas o hechos de la vida doméstica, pues son solo reflejos de la realidad interior, atraídos y materializados por nuestro estado de conciencia. La angustia de quienes no saben que ellos crean lo que experimentan es enorme, ya que se sienten impotentes en manos de una fuerza que no comprenden.

Sin embargo, casi todos hacemos exactamente esto en nuestra vida diaria. Luchamos y argumentamos contra sucesos, comportamientos y actos externos en nuestro entorno social o doméstico, sin volvernos nunca hacia nosotros mismos, preguntándonos dónde está la verdadera raíz del conflicto. El sabio observa los acontecimientos como quien se mira en un espejo; nuestra realidad refleja quiénes somos.

Nadie en su sano juicio lucharía contra su propio "eco", ya que en realidad estaría luchando contra sí mismo. Al jugar este juego inmaduro, nos enfrentamos a una lucha sin gloria, en la que no hay ganadores, solo los derrotados. ¿A quién debemos derrotar en una batalla donde solo escuchamos el eco de nuestra propia voz?

Los individuos de una misma familia necesitan darse cuenta de su poder de acción en el ambiente energético familiar, analizando los actos y actitudes vividos diariamente, como si se exhibieran en un "escaparate." A partir de esta observación, les corresponde cambiar conductas inapropiadas y revisar posturas inflexibles. La divina providencia nos enseña la responsabilidad de uno mismo combinada con la renovación. Tiene criterio propio y actúa dentro de las leyes inmutables de la vida, no ajustándose a las normas caprichosas que impone la sociedad. Nuestras acciones y actitudes escriben nuestro destino. Somos responsables de la familia que tenemos y de la forma en que vivimos con ellos.

Al renovarse, el hombre transformará el mundo. No debemos centrar nuestra atención en modificar las cosas de fuera, sino en mejorar o despertar las cosas de nuestro interior.

El hábito que desarrollamos de buscar en el mundo exterior una excusa para todo lo negativo que ocurre en nuestra existencia es viejo. Culpar a los demás de lo que nos pasa es cultivar la ilusión que no somos nosotros quienes causamos nuestros conflictos y dificultades. Necesitamos entender que las energías mentales que irradiamos son responsables de todo lo que atraemos en nuestras vidas. Debemos asumir esta responsabilidad hacia nuestra propia existencia.

El aprendizaje es nuestro y nadie puede hacerlo por nosotros, así como nosotros no podemos hacerlo por los demás. Cuanto más rápido aprendamos esto, menos sufriremos y más rápido encontraremos la armonía en el hogar.

Creamos una lista enorme de culpables a quienes atribuimos la responsabilidad de nuestro infeliz destino:

desajustes familiares actuales, errores de vidas pasadas, acciones nocivas de espíritus perturbadores. Creemos, finalmente, que somos víctimas indefensas e impotentes de todo y de todos. La teoría de la culpa ha encontrado hoy una inmensa masa de seguidores.

"¿De dónde vienen las similitudes morales que a veces existen entre padres e hijos? ¿Son espíritus amigos, atraídos por la similitud de sus tendencias?[76]

En el proceso de reencarnación, los espíritus son "atraídos por la similitud de sus tendencias"; por tanto, es nuestro reino interior el que atrae a quienes serán nuestros familiares, criaturas con una estructura íntima específica y valores ajustados a un determinado patrón evolutivo. En ellos encontraremos apoyo para mejorar nuestras capacidades y estímulo para despertar nuestras capacidades y posibilidades innatas.

"Las similitudes morales que a veces existen entre padres e hijos" son "tipos de mentalidad" que se identifican por sus logros o defectos, para reorganizarse internamente o seguir despertando potencialidades latentes del alma. En muchos casos nunca se han conocido en otras existencias, pero se unen porque tienen las mismas inclinaciones, los mismos conflictos, hábitos, vocaciones, valores y desajustes psicológicos. Sin embargo, sea cual sea el tipo de unión, la relación que se establece entre ellos es para que se superen a sí mismos, reajusten sus dificultades mentales, emocionales y sentimentales y sigan realizando la renovación de su propia alma.

Los padres suelen transmitir un parecido físico a sus hijos. ¿Transmiten también una similitud moral?

---

[76] Pregunta 207 de *"El Libro de los Espíritus"*

"No, ya que tienen alma o espíritu diferente. El cuerpo viene del cuerpo, pero el espíritu no viene del espíritu. Entre los descendientes de las razas no hay más que consanguinidad."

¿De dónde vienen las similitudes morales que a veces existen entre padres e hijos?

"Son espíritus amigos, atraídos por la similitud de sus tendencias."

RENOVACIÓN

El progreso llega a la Humanidad gradualmente, con la misma sutileza con la que el día desaparece en la noche: desciende casi imperceptiblemente sobre las creaciones y las criaturas como un rocío fértil y fundamental para nuestra vida de espíritu inmortal.

El doctor Carl Gustav Jung definió la sincronicidad como una coincidencia significativa de un estado psíquico con uno o varios hechos externos correspondientes; ocurrencia entre eventos psíquicos y físicos. Son acontecimientos coincidentes, en el tiempo y en el espacio, que, aunque aparentemente inexplicables, establecen relaciones conectadas desde el punto de vista psicológico.

La noción de sincronicidad de Jung puede reconocerse en parte como la "interconexión dinámica" entre el alma y el mundo material. La vida se asemeja a un flujo multidimensional por el que pasan las creaciones y las criaturas en el Universo. Vivimos interactuando, de manera invisible, con muchas otras realidades que aun son desconocidas e ignoradas en el mundo moderno.

Ciertos fenómenos sincrónicos escapan a la observación del principio de causalidad; es decir, aun no pueden ser analizados ni considerados materialmente. La ciencia actual aun no ha llegado a comprender cómo funciona la ley de causa y efecto en determinados acontecimientos y circunstancias trascendentales. Sin embargo, los fenómenos sincrónicos no pueden considerarse casualidad. "(...) el azar es ciego y no puede producir los efectos de la inteligencia. Un azar inteligente ya no sería azar."[77] Podemos decir, en sentido figurado, que el azar es el seudónimo del Creador, cuando éste no quiere que aparezca la firma de su obra.

Encuentros inesperados con personas que "casualmente" nos muestran caminos que llevábamos años buscando y no sabíamos dónde ni cómo encontrarlos; ayuda financiera que apareció en el "momento exacto" cuando la tribulación era más grave; sugerencias u opiniones que recibimos en una conversación "aparentemente" informal y que contribuyeron en gran medida a nuestro autoconocimiento; libros que elegimos "al azar" y que aportaron una ayuda significativa para resolver los problemas por los que atravesábamos. "De repente" nos topamos con artículos en una revista cuyo tema habíamos comentado recientemente con un amigo o familiar, y muchos otros ejemplos.

Esta supuesta "sucesión del azar", experimentada por innumerables criaturas, revela la existencia de leyes espirituales desconocidas que gobiernan y guían el progreso de todos los seres humanos.

Las "coincidencias" inexplicables que ocurren en nuestras vidas generalmente contribuyen a nuestra renovación espiritual o crecimiento interior. Si utilizamos una visión superficial, estas "bajas" aparecerán como eventos misteriosos y oscuros, pero si profundizamos más, veremos que realmente necesitamos aprender sobre el poder omnisciente de Dios dentro de nosotros, y que sus dominios aun siguen siendo insondables para nosotros.

---

[77] Pregunta 8 de *"El Libro de los Espíritus"*

Las leyes divinas o naturales son el "cordón umbilical" que conecta todo y a todos con la fuente creadora. Por eso, Jesús instó a nuestra conexión espiritual, diciendo: *"Yo soy la vid y vosotros los pámpanos."*[78]

Los Espíritus Superiores aseguran a Allan Kardec que "(...) el hombre debe progresar sin cesar y no puede volver al estado de infancia. Si progresa es porque Dios así lo quiere."[79]

Las leyes que nos gobiernan contienen la omnipresencia, la omnisciencia y la omnipotencia divinas. Son iguales para todos los miembros del Universo, pero ajustados al nivel evolutivo de cada uno de ellos."(...) el hombre debe progresar sin cesar (...)", ya que la renovación espiritual no es producto de una enseñanza, pero está en germen en todos los seres. Nos guste o no, progresaremos, ya que "Dios así lo quiere."

El progreso llega a la Humanidad paulatinamente, con la misma sutileza con la que el día hace desaparecer la noche; desciende casi imperceptiblemente sobre las creaciones y las criaturas como un rocío fértil y fundamental para nuestra vida de espíritu inmortal.

Nada surge de la nada. Los caminos renovadores casi siempre aparecen en nuestro viaje evolutivo como posibles "coincidencias", o incluso como acontecimientos ilógicos y enigmáticos; en realidad, son experiencias esenciales que atraemos y que encajan perfectamente con nuestras necesidades de renovación interior.

El despertar llega de una manera que ni siquiera podemos imaginar. En estos momentos nos preguntamos: ¿Qué quiere Dios de mí?

---

[78] Juan 15:5
[79] Pregunta 778 de *"El Libro de los Espíritus"*

La psicología junguiana llama a las "coincidencias" que ocurren en nuestra vida "fenómenos sincrónicos", pero, ajustando estos conceptos a los postulados de la fe espírita, podemos denominarlos "intervención divina" o "designios de Dios." Sin embargo, cualquiera que sea la denominación que utilicemos, estemos seguros que todo lo que nos sucede tiene como objetivo profundo la renovación del alma y el bien común como finalidad.

El progreso que logramos hoy es compatible con el crecimiento que tuvimos ayer. Cada paso dado en el camino hacia la madurez es proporcional a la etapa dada anteriormente.

Avanzamos por el Universo en armonía con otros seres humanos. La orquesta cósmica que compartimos es mucho más amplia de lo que podemos imaginar y todos deben aportar su parte de participación en la sinfonía del mundo. Somos parte del Universo y él es parte de nosotros.

¿Puede el hombre retroceder al estado natural?

"No, el hombre debe progresar sin cesar y no puede volver al estado de infancia. Si progresa es porque Dios así lo quiere. Pensar que puede regresar a su condición primitiva sería negar la ley del progreso."

CREATIVIDAD

Crear es la capacidad innata de desestructurar algo y reestructurarlo de una manera totalmente diferente y original.

Según la excelencia del pensamiento de Voltaire, "el mundo me intriga y no puedo imaginar que este reloj exista y no haya ningún relojero."

La energía del Cosmos Universal produce constantemente las formas más nuevas y admirables. Doscientas rosas amarillas son estructuralmente diferentes entre sí, y en un vasto lecho de rosas rojas, ninguna produce, en el mismo período, el mismo número de capullos o incluso la configuración floral exacta. En un país con millones de habitantes de una misma etnia, cada uno es diferente y único. Esta es la creatividad que se origina a partir de leyes naturales o divinas.

En principio, todos los hombres pueden crear. Los animales a veces producen cosas notables y sorprendentes, pero no crean, solo usan el instinto, una indicación de la existencia y desarrollo de la creatividad potencial. Los panales, los nidos de colibríes, la sociedad de las hormigas y las presas de los castores han sido los mismos desde la antigüedad babilónica, asiria y romana.

Actualmente, la antropología afirma que no hay un solo pueblo o tribu, por rudimentario o primitivo que sea, que no exhiba una cultura peculiar con huellas inequívocas de originalidad creativa.

El acto de crear está íntimamente ligado al "sentido de progreso" que existe en cada uno de nosotros. Crear es la capacidad innata de desestructurar algo y reestructurarlo de una manera totalmente diferente y original.

Todos salimos del "aliento celestial" del Todopoderoso. Es en la inteligencia suprema que nos formamos y vivimos, como toda la creación; Es en este "aliento sagrado" que pulsan las galaxias y las estrellas y que los mundos y los seres se mueven.

"El Dios que hizo el mundo y todo lo que hay en él, Señor del cielo y de la tierra, no habita en templos hechos por manos de hombres. Ni es servido por manos de hombres, como si necesitara algo, el que da vida, aliento y todo lo demás."[80]

Nosotros, criaturas divinas, podemos cocrear, pero solo Dios es el Creador Supremo de todas las cosas.

El reino mental de cada ser humano es, ante todo, la materialización del propio mundo interior. Nuestros pensamientos, sentimientos y emociones son elementos dinámicos de la inducción energética. Todos exteriorizamos y asimilamos energía mental, influyendo en los demás y, al mismo tiempo, siendo afectados por ellos.

El hombre solo es capaz de modificar y dar forma al mundo que le rodea si cambia su propia concepción y conducta interior. Todo lo que tiene que hacer es transformarse para ver el mundo que lo rodea cambiar con él. Los actos y actitudes potencian las energías más ocultas de los individuos, liberándolos o aprisionándolos a través de las fuerzas vivas y formadoras del pensamiento. Cada persona vive en su "mundo íntimo", y hay tantos mundos como

---

[80] Hechos de los Apóstoles, 14:24-25

personas. Todos estos mundos son solo fragmentos o aspectos del mundo invisible.

Sin embargo, es necesario considerar que existen límites a la cocreación humana, pues todos presentamos características peculiares y, por tanto, existen bloqueos naturales de la condición evolutiva tanto en nuestra conciencia intelectual como emocional. Existen mecanismos que operan de manera que asimilan y concretan solo lo que se puede entender o hacer a la luz de esa información o evento.

Considerando esto, la criatura, encarnada o no, podrá reservarse la tarea de pensar y crear, salvaguardando su posibilidad evolutiva. Por ejemplo, nacer y morir son eventos naturales y necesarios en la Tierra, pero prohibidos a la acción consciente de actuar y crear por parte de almas de bajo nivel evolutivo.

El nacimiento y la muerte en la Tierra pueden verse como fenómenos iguales; sin embargo, nacer o morir son fenómenos que pueden presentar particularidades, características distintas, ya que cada espíritu revela diversidades en el grado de desarrollo mental - vibra en un estadio evolutivo específico.

Los espíritus Iluminados reciben preparación individual en la reencarnación de parte de mensajeros especializados en esta área y pueden actuar a través de su pensamiento y voluntad en el proceso de reencarnación, a través de su creación continua. El conocimiento superior va de la mano con el arte de crear: compone, descompone y recompone.

En cuanto a los espíritus ignorantes, podemos hacer una comparación buscando mayor esclarecimiento y claridad sobre cómo ocurre en ellos el proceso de reencarnación: ocurre como la germinación de una semilla, el embrión o planta incipiente, que se desarrolló a partir de la planta madre, separándola; espera un cierto período de vida latente hasta que las condiciones del entorno externo sean exactamente adecuadas para el comienzo de su crecimiento autónomo; es decir, automáticamente, siguiendo las sabias leyes de la Naturaleza.

Estamos seguros que, en cualquier nivel evolutivo que estemos atravesando, la reencarnación - planificada o automática -, para nosotros, funciona como una ley divina, ya que apunta a nuestro desarrollo en todos los sentidos existenciales.

Tomemos como ejemplo: una pareja de espíritus frívolos, encarnados en el mundo físico, pueden unirse y engendrar uno o más hijos. Esta pareja crea y actúa sin conocimiento de los valores de la reencarnación, pero, debido a su libre albedrío, puede simplemente utilizar su impulso instintivo o biológico y procrear mediante un automatismo fisiológico. De la misma manera, las criaturas inmaduras o infantilizadas en el mundo astral, a pesar de no ser plenamente conscientes de la utilidad del proceso de reencarnación, pueden, a través de su libre albedrío, crear condiciones para la realización o concretización de ciertos fenómenos naturales en la vida de manera inconsciente. Por otra parte, es importante recordar que, en un nivel inconmensurable, todo queda bajo la supervisión del orden divino.

Nada puede considerarse simple casualidad. Lo que llamamos azar no es más que la oscura causa de un efecto mal entendido. En el Universo, detrás de todo, hay un objetivo providencial.

Los espíritus ignorantes o imprudentes "no saben más que los hombres."[81] Sin embargo, son instrumentos de Dios, ya que participan y cooperan, inconscientemente, con la armonía del Cosmos. El espíritu inmaduro, al reencarnar o desencarnar en la Tierra, "no sabe qué acontecimientos le esperan. Los detalles de los acontecimientos nacen de las circunstancias y de la fuerza de las cosas (...). Si al pasar por una calle, una teja le cae en la cabeza, no creas que fue escrito, como comúnmente se dice."

Todo en el Universo tiene un aspecto divinamente creativo y educativo. Incluso si no podemos entender esta causa en este momento, más tarde nos daremos cuenta que fue únicamente un producto de nuestro estado limitado de comprensión y discernimiento evolutivos.

Si el espíritu puede elegir el tipo de pruebas que debe soportar, ¿se sigue que todas las tribulaciones que experimentamos en la vida fueron predichas y elegidas por nosotros? "Todo, no es la palabra, porque no se puede decir que tú elegiste y predijiste todo lo que te sucede en el mundo, hasta las cosas más pequeñas; tú elegiste el tipo de evidencia, los detalles son consecuencia de tu posición y, muchas veces, de tus propios actos si el espíritu quisiera.

Nacido entre malhechores, por ejemplo, sabía a qué acoso se exponía, pero no cada uno de los actos que cometería, que son resultado de su voluntad o libre albedrío. El espíritu sabe que para elegir este camino habrá que soportar este tipo de lucha; también conoce la naturaleza de las vicisitudes que afrontará, pero desconoce qué acontecimientos le esperan. Los detalles de los acontecimientos surgen de las circunstancias y de la fuerza de las cosas. Solo se predicen los

---

[81] Pregunta 239 de *"El Libro de los Espíritus"*

acontecimientos importantes que influyen en tu destino. Si tomas un camino lleno de surcos profundos, sabes que debes tener mucho cuidado para no caer, y no sabes en cuál caerás; también es posible que no te caigas si tienes mucho cuidado. Si al pasar por una calle te cae una teja en la cabeza, no creas que está escrito, como comúnmente se dice. "

CREATIVIDAD

Dios no está distante en el espacio inconmensurable y desconocido del hombre, sino inmanente en la Naturaleza misma. Él es, en general, la luz eterna y trascendente en el proceso evolutivo y creativo de todo lo que existe en el Universo.

Durante siglos, la admirable capacidad de percepción del reino animal ha despertado una enorme curiosidad en el hombre y, aun hoy, sigue siendo una de las ramas más complejas e investigadas de toda la ciencia.

Uno de los atributos fundamentales del ser humano es plantearse preguntas sobre el mundo en el que vive. Quiere saber exactamente cómo suceden las cosas y comprenderlas. Por cierto, la observación e investigación del funcionamiento de la vida dentro y fuera de nosotros es un hecho establecido, que se vuelve más evidente a medida que avanza la evolución espiritual dentro de la Humanidad.

En los últimos años, los biólogos se han vuelto cada vez más conscientes que el patrón de comportamiento de los animales se rige no solo por estímulos internos, sino también por estímulos externos. Por lo tanto, el comportamiento está regulado tanto dentro como fuera o, como suele ser el caso, por una interacción entre ambos.

Muchos animales han demostrado verdaderas hazañas de "orientación innata", que se consideran extraordinarias. El ejemplo tradicional es la migración de aves y peces. Las crías inexpertas de estas especies recorren enormes distancias utilizando sus propios recursos naturales, volando o nadando día y noche. Luego regresan a sus lugares de origen - situados a miles de kilómetros de distancia -, de donde procedían sus antecesores.

Las anguilas viajan en la oscuridad del fondo de los océanos hasta los lugares de desove, y sus crías, diminutas criaturas, viajan, superando las adversidades de las aguas, hasta el regreso, adentrándose en los ríos muchos kilómetros tierra adentro, hasta encontrar el hábitat original de sus familiares. Los salmones hacen todo lo contrario: viajan por los mares para desovar en el mismo lugar del río donde nacieron años antes.

Las aves acuáticas - los gansos, por ejemplo -, se orientan visualmente por el Sol y ciertos puntos de referencia terrestres. Pero viajan igual sin estas ayudas. Vuelan por encima o por debajo de las capas de nubes, o entre ellas, durante el día y la noche, y a pesar de ello siempre llegan a su destino. Muchos de estos sentidos innatos observados por los científicos son completamente desconocidos; no se sabe cómo funcionan. Para la ciencia actual, la programación interna o equipamiento sensorial que se ocupa de la evolución genética, la reprogramación interna, las migraciones, la selección natural, los hábitos de las especies y muchas otras complejidades del reino irracional son enigmas de la Naturaleza por resolver.

Todos y cada uno de los animales, en un momento determinado de su existencia, abandonan un lugar y se trasladan a otro. Ya sea unos centímetros, en busca de apareamiento o alimento, o casi viajando alrededor del mundo durante la fase de migración. El animal dispone de un sofisticado "aparato sensorial" o un notable "reloj interno" que lo mantiene orientado en la dirección exacta adecuada para su mantenimiento y la supervivencia de la especie.

Los animales; sin embargo, no son simples "autómatas reflejos" o esclavos de la genética. Tienen dentro de sí un principio inmanente que les hace responder, con creatividad evolutiva, a nuevos entornos, utilizando la capacidad de adaptarse a diferentes circunstancias, obviamente dentro de ciertos límites. Los animales y las plantas se desarrollan de manera diversa y creativa en climas que han sufrido cambios ambientales y pueden, durante largos períodos de tiempo, cambiar sus "características de comportamiento" así como sus "características estructurales."

Dios es el agente causal o la fuerza interna y activa que gobierna todo lo que existe. La causalidad celestial es, al mismo tiempo, la fuerza que trasciende y está contenida inseparablemente en el núcleo de cada ser vivo.

La variabilidad genética es continuamente creada y creativa y el proceso evolutivo induce a todas las especies a adaptarse a su entorno, liberándolas del peligro de extinción y, al mismo tiempo, ampliando su radio de acción o conquistando nuevos hábitats. Las energías dinámicas del poder divino permanecen siempre presentes y espontáneas, animando y vitalizando las manifestaciones internas y externas de la vida misma.

"(...) El instinto también puede conducir al bien; nos guía casi siempre y, a veces, con mayor seguridad que la razón. Nunca se extravía. (...) El instinto varía en sus manifestaciones, según la especie y sus necesidades. En los seres que tienen conciencia y percepción de las cosas externas, ésta se combina con la inteligencia; es decir, con la voluntad y la libertad." [82] En el hombre, el instinto es una claridad repentina que surge de la mente serena y atenta ,y que pronto se convierte en su acompañados de la luz de la inteligencia. Los momentos instintivos a veces nos iluminan mucho más que años y años de experiencia intelectual.

Del instinto que llevamos muy dentro de nuestra propia alma surgen ideas y decisiones mucho más exactas y precisas que las que provienen de nuestra herencia cultural. Es un potencial que se manifiesta espontáneamente y no algo que se logra mediante el convencionalismo humano. No nos referimos aquí al instinto desde un punto de vista moralista o como algo ligado a las buenas costumbres, ni lo calificamos como "superior" - que conduce a la elevación del alma -, o "inferior" - que conduce a la elevación del alma, satisfacción de las necesidades corporales. Lo consideramos una posibilidad inherente a todos, o un toque innato de inspiración que sirve para esclarecer verdades ignoradas.

La creatividad evolutiva no es privilegio de los seres humanos; en principio, es un proceso cósmico común a todo lo que existe. El Dios descrito por los teólogos medievales y renacentistas situaba al hombre al margen de la naturalidad de la vida universal. El poder de la inteligencia suprema penetra y opera en todo, no solo en las criaturas, sino también en todas las creaciones.

Dios no está distante en el espacio inconmensurable y desconocido del hombre, sino inmanente en la Naturaleza misma. Él es, en general, la luz eterna y trascendente en el proceso evolutivo y creativo de todo lo que existe en el Universo. Necesitamos redescubrir y celebrar igualmente el

---

[82] Pregunta 75 de "*El Libro de los Espíritus*"

constante renacimiento del poder supremo en el mundo viviente en el que existimos.

¿Es exacto decir que las facultades instintivas disminuyen a medida que aumentan las intelectuales?

"No; el instinto existe siempre, pero el hombre lo descuida. El instinto también puede conducir al bien; nos guía casi siempre y, a veces, con más seguridad que la razón. Nunca se extravía."

¿Por qué la razón no siempre es una guía infalible?

"Sería infalible si no estuviera distorsionado por la mala educación, el orgullo y el egoísmo. El instinto no razona; la razón permite elegir y da al hombre libre albedrío."

Nota - El instinto es una inteligencia rudimentaria que se diferencia de la inteligencia misma, en que sus manifestaciones son casi siempre espontáneas, mientras que las de la inteligencia son el resultado de una combinación y un acto deliberado.

El instinto varía en sus manifestaciones, dependiendo de la especie y sus necesidades. En los seres que tienen conciencia y percepción de las cosas externas, se combina con la inteligencia; es decir, con la voluntad y la libertad.

PERDÓN

Perdonar o disculpar a alguien es bueno y saludable, pero vivir sin cesar disculpando los errores ajenos puede ser muy peligroso. Las emociones enterradas y no verbalizadas se manifestarán negativamente en otras situaciones y con diferentes personas en nuestra vida diaria.

Toda criatura desea la paz y la felicidad y quiere alejar de sí misma el sufrimiento y la amargura. Éste es el "objetivo de excelencia" de todos los seres humanos.

Comprender nuestro "mejor" depende del grado de razonamiento lógico o de la situación que estemos viviendo. Cada procedimiento es comprensible y útil en un contexto de vida determinado.

Cuando tomamos acciones basadas en el dolor y el resentimiento, es porque asumimos que nos parece "mejor." Actuamos siempre según nuestra madurez espiritual a la hora de decidir y resolver nuestras dificultades existenciales; o mejor dicho, tomamos decisiones según nuestras posibilidades de percepción/interpretación y también según nuestra capacidad y habilidad adquirida.

Damos lo que tenemos, hacemos lo que podemos. Solo das o haces lo que tienes o puedes. Necesitamos respetar nuestras limitaciones mentales, emocionales y espirituales, así como las de nuestros compañeros de viaje.

Se supone que cuando alguien pide disculpas es porque ha reconocido su error y pide reconciliación por el acto imprudente y el comportamiento equivocado. Comúnmente, utilizamos el término "lo siento" cuando queremos enmendar a alguien a quien le hemos causado daño o herido. Es la actitud de alguien que es consciente de haber ofendido, disgustado o incomodado a otra persona. En otras palabras, quien se disculpa quiere decir: quítame la culpa, porque me siento responsable del daño que te causé.

Sin embargo, hay individuos que, a cada momento y sin pensarlo, utilizan la palabra "lo siento." Lo repiten sistemáticamente durante años y años, pero siguen perpetuando los mismos errores y ataques.

Piden mil disculpas, pero nunca sueltan las ataduras de actitudes desastrosas. Piden insistentemente compasión y paciencia, y nunca renuevan su conducta; siguen atormentando la vida de otras personas.

Se han acostumbrado a pedir disculpas como si esa palabra fuera una "varita mágica" que desharía de un momento a otro, en un pase mágico, todos los dolores y pérdidas, afrentas y heridas, sensaciones desagradables, disgustos y molestias causadas por el agravios y faltas de delicadeza que cometieron.

Son criaturas que han vulgarizado el término "lo siento" y lo utilizan automáticamente, repitiendo mensajes contenidos en un "libro de reglas" o de etiqueta. No son conscientes de su inmadurez, pues aun no han percibido ni reconocido como concretos los actos y actitudes inadecuadas que reproducen casi a diario en sus más diversas relaciones. Repiten los mismos errores de forma compulsiva, como si tuvieran una imposición interna irresistible que les llevara a comportarse siempre de la misma manera.

Es fundamental diferenciar la "excusa social" de la "excusa de conciencia." El primero simplemente atraviesa las barreras de la boca sin pensar; puede ser una maniobra astuta o un pretexto para evitar dificultades futuras en situaciones difíciles. La persona recurre a subterfugios o estratagemas para conseguir algo.

El segundo proviene del "corazón consciente", del alma verdaderamente arrepentida. *"El hombre bueno, del buen tesoro de su corazón, saca lo bueno..."*

Pedir disculpas puede ser el comienzo de un nuevo tiempo de convivencia respetuosa, pero también puede ser un eterno juego psicológico en el que las faltas de respeto, la brutalidad y el golpe de la ofensa solo quedan mitigados.

"(...) Quien pide a Dios perdón de sus pecados solo lo obtiene cambiando su conducta. Las buenas obras son las mejores oraciones, porque las acciones valen más que las palabras."[83]

"Hay más felicidad en dar que en recibir",[84] nos enseña el relato evangélico. La persona que da realmente sabe, por experiencia, que es más feliz cuando da que cuando recibe.

No exijamos a los demás lo que todavía no pueden darnos. El acto de perdonar o pedir perdón de verdad requiere madurez y crecimiento espiritual y, en consecuencia, cierto grado de evolución.

Perdonar o disculpar a alguien es bueno y saludable, pero vivir sin cesar disculpando los errores ajenos puede ser muy peligroso. Las emociones enterradas y no verbalizadas se manifestarán negativamente en otras situaciones y con diferentes personas en nuestra vida diaria. En lugar de

---

[83] Pregunta 661 de *"El Libro de los Espíritus"*
[84] Hechos de los Apóstoles 20:35

permitir obstinadamente que alguien nos use y nos lastime, establezcamos límites y aprendamos a validar nuestra dignidad personal desarrollando el arte de amarnos a nosotros mismos para poder amar plenamente a los demás.

¿Podemos pedirle útilmente a Dios que nos perdone nuestras faltas?

"Dios sabe discernir el bien y el mal; la oración no oculta las faltas. Quien pide a Dios perdón de sus pecados solo lo obtiene cambiando su conducta. Las buenas acciones son las mejores oraciones, porque las acciones valen más que las palabras."

PERDÓN

El juicio apresurado puede resultar en "falta de comprensión", porque perdonar es, ante todo, capacidad de comprender las dificultades.

El perdón a uno mismo consiste en hacer lo mejor que podemos hoy, abandonar las heridas del pasado y sanar los dolores del presente y, al mismo tiempo, legitimar nuestros proyectos de vida para el futuro.

El pasado ha pasado y el único momento que tenemos es el presente. Todo lo que necesitamos hacer es usar el perdón e inmediatamente comenzaremos a sentir consuelo y alivio a medida que liberamos las pesadas cargas de la culpa, la vergüenza y el perfeccionismo.

Cuando cometemos errores, es necesario primero admitir nuestras debilidades y luego pedir a los demás que pasen por alto nuestras deficiencias. Solo a partir de este momento empezamos a deshacer técnicas defensivas y facilitar la buena comunicación, evitando así la muerte del diálogo conciliador.

El perdón a uno mismo es un estado del alma que surge de nuestra intimidad, haciéndonos aceptar todo lo que somos sin ningún prejuicio. Es entonces cuando empezamos a comprender que nuestros defectos aparentes son, única y exclusivamente, potenciales a desarrollar. Por cierto, un juicio apresurado puede convertirse en una "falta de comprensión", porque perdonar es, ante todo, la capacidad de comprender las dificultades.

A medida que perdonamos nuestros errores, también comenzamos a perdonar los errores de los demás. Cuanto más comprendamos a los demás, evaluando y validando lo que pensaron y cómo sintieron en el momento de la crueldad, más fácilmente aprenderemos a perdonarnos a nosotros mismos. El acto de no perdonarnos a nosotros mismos hace que permanezcamos en las sensaciones desagradables y energías negativas: restos de los disgustos y desacuerdos de la vida.

Perdonarnos a nosotros mismos lleva al cultivo del amor a nosotros mismos y, en consecuencia, a los demás; en definitiva, es la base que mantiene intacta y unida a la Humanidad. El perdón a uno mismo nos lleva a la plena aceptación de nuestro potencial no desarrollado - ya sea de naturaleza intelectual, psíquica y emocional -, y a una mayor comprensión que las experiencias evolutivas no son más que la suma de éxitos y errores del pasado y del don del pasado.

Los errores acaban convirtiéndose en lecciones preciosas y de ellos podemos sacar las bases seguras para el éxito en el futuro.

"Dios nunca actúa por capricho y todo en el Universo se rige por leyes en las que se revela su sabiduría y bondad."[85]

"La sabiduría y la bondad de Dios" se reflejan constantemente en los actos y actitudes de Jesús de Nazaret. En el episodio ocurrido en casa del fariseo Simón, una prostituta se arrojó a los pies del Maestro cubriéndolos de besos, lavándolos con sus lágrimas, secándolos con sus cabellos y ungiéndolos con aceite perfumado. Ella es

---

[85] Pregunta 1003 de *"El Libro de los Espíritus"*

perdonada incondicionalmente: "(...) *sus numerosos pecados le son perdonados, porque mostró mucho amor. Pero aquel a quien se le ha perdonado poco, muestra poco amor.*"[86]

Dios estaba con Jesús y Él estaba con el Padre; por eso amó, perdonó, animó y alentó a todos sin distinción alguna.

La bondad y la sabiduría providencial es y siempre ha sido amándonos y perdonándonos, sin importar en qué grado de la escala evolutiva estemos situados o lo que estemos haciendo. El amor de la divina misericordia es incondicional, no depende de ningún tipo de restricción o limitación. Amar, simplemente por amar.

Una visión de este amor incondicional que la divinidad tiene para nosotros es sumamente importante para el perdón a uno mismo. Si Dios nos ama y nos acepta tal como somos hoy, ¿por qué tomaríamos una actitud contraria a la postura divina? Sin embargo, el perdón a uno mismo no significa paralizar nuestras actividades evolutivas, acomodándonos en nuestras carencias, debilidades o incapacidades, sino liberarnos de las pesadas cargas del autocastigo que cargamos innecesariamente. El perdón a uno mismo nos aporta tranquilidad, la capacidad de amar y ser amados, y la posibilidad de dar y recibir serenidad. Nos libera de cultivar una fijación neurótica por hechos del pasado, que nos impide crecer en el presente.

Perdonarnos a nosotros mismos elimina la idea fijada en el remordimiento por algo que sucedió ayer y la ansiedad de lo que podría revelarse o suceder mañana.

¿La duración del sufrimiento del culpable en la vida futura está arbitrada o subordinada a alguna ley?

---

[86] Lucas 7:36-50

"Dios nunca actúa por capricho y todo en el Universo se rige por leyes en las que se revela su sabiduría y bondad."

AMAR

El amor desarrolla características personales, distinguiendo y particularizando a la criatura. Al proporcionarle voluntad propia e independencia, le permite ampliar horizontes y disolver las barreras donde la norma y la generalización han erigido muros.

Hoy en día, la mayoría de los individuos hemos conceptualizado el amor basándose únicamente en el cariño de una persona por otra, en la construcción romántica y simplista cultivada en nuestra cultura, en los versos ingenuos y oníricos de los poetas o en lo que escuchan y ven en nuestros medios de comunicación. En realidad, se trata de conceptos egoicos que casi siempre se toman de las frustraciones, las inseguridades, la sensualidad y los sentidos inmediatos o ilusorios.

El amor es un potencial inmanente del ser humano. Es un fenómeno natural que debe ser despertado por todos, y no simplemente algo preparado y almacenado en lo más profundo del alma, esperando ser descubierto por alguien en cualquier momento.

El amor está en la naturalidad de la vida de cada persona. Es una capacidad a desarrollar, como la inteligencia. Un día amar será tan fácil como respirar en una atmósfera pura o saciar la sed en agua traslúcida. En el "amor verdadero", deseamos lo mejor a la otra persona y nos alegramos de su evolución; En el "amor romántico", deseamos a la otra persona y nos vestimos con el manto de la posesividad. Porque no amamos, en la sociedad prevalecen la indiferencia y el desprecio.

Quien ama poco a poco se convierte en un individuo pleno; Por eso, no siempre es conveniente que los tiranos y dominadores nos animen a amar. No nos quieren libres, originales y creativos. La mejor manera de destruir a un hombre es impedirle amar, exterminando así su naturalidad y espontaneidad.

La sociedad actual, como las del pasado, no fomenta ni anima a los individuos a tomar posesión de su individualidad más completa. Para nuestra mejor aclaración: individual = no dividido en dos. Del latín *individuus*: indivisible, uno, que no ha sido separado.

Los gobernantes injustos y despóticos quieren dominar los cuerpos; los fundamentalistas religiosos -vinculados a todos y cada uno de los movimientos conservadores que enfatizan la obediencia estricta y literal a los textos de un conjunto de principios básicos -, quieren comandar las almas. Quieren reducirnos a marionetas, simulacros de seres humanos, que no sienten ni piensan. Los títeres son dirigidos, solo obedecen, no tienen autonomía, no tienen control sobre sus vidas.

Si hubiera amor entre los hombres, no habría fronteras. El amor desarrolla características personales, distinguiendo y particularizando a la criatura. Al proporcionarle voluntad propia e independencia, le permite ampliar horizontes y disolver las barreras donde la norma y la generalización han erigido muros. Cuando no amamos, nos volvemos vacíos. Hay una ausencia de diversidad y multiplicidad en la vida interior y exterior. Amar es una forma básica de vivir bien. Nuestras estructuras íntimas se basan en el amor. Sin amor todo desaparece.

Buscamos la religión o buscamos a Dios porque hemos perdido el contacto con el amor. *"¿No sabéis que sois templo de Dios y que el espíritu de Dios habita en vosotros?"* según la expresión de Pablo de Tarso. ¿Por qué, entonces, tenemos tal necesidad de buscar la divinidad externa o superficialmente? La verdadera religión tiene como finalidad llevarnos de regreso a Dios - al Amor -, porque, según el apóstol Juan: *"(...) Dios es Amor: el que permanece en el amor permanece en Dios y Dios permanece en él."* [87]

Cuando la Humanidad aprenda a amar, todos nos reuniremos en torno a una religión: el Amor. De hecho, la única religión profesada por Jesucristo.

Amar a Dios, amar a nuestro prójimo, amarnos a nosotros mismos. Ésta es la esencia más pura de las enseñanzas del Maestro.

"(...) De hecho, cuántas personas creen amar con locura, porque juzgan solo por las apariencias, y cuando se ven obligadas a convivir con personas, no tardan en reconocer que esto no es más que una cuestión material, admiración. No basta con estar enamorado de una persona que te agrada y que crees que tiene hermosas cualidades; es viviendo verdaderamente con ella que podrás apreciarla, cuantas hay de esas uniones que, al principio nunca parecen ser amigables, y cuando uno y el otro se enamoran se conocen bien y si estudian bien, terminan amándose con un amor tierno y duradero, ¡porque se basa en la estima! (...)"[88]

Durante años y años hemos comentado y reflexionado sobre qué es el amor; ¿qué tal si analizamos algunos

---

[87] Juan 4:16
[88] Pregunta 939 de *"El Libro de los Espíritus"*

sentimientos y emociones que casi siempre confundimos con él?

• Cuando sentimos una enorme satisfacción por estar al lado de alguien a quien admiramos excesivamente, por su forma de hablar, vestir, caminar, satisfacción que se intensifica en recepciones o eventos sociales, donde nos notaremos, no se trata de amor, sino de exhibicionismo o narcisismo.

• Cuando necesitamos desesperadamente a otro ser humano para vivir o ser felices, estableciendo privilegios exclusivos para nosotros mismos, o mejor aun, cuando requerimos de esa persona un verdadero monopolio de afecto, cariño y atención, no se trata de amor, sino de necesidad íntima. o necesidad emocional.

• Cuando vivimos entre ataques de celos, en un clima de frustración, falta de confianza, tristeza y pérdida de motivación para vivir, utilizar cualquier recurso para mantener a una persona a nuestro lado, incluso cuando sabemos que no somos amados, no es sobre el amor, sino de baja autoestima o falta de respeto hacia nosotros mismos.

• Cuando creemos que nuestra existencia perderá su sentido y no soportamos vivir solos sin la presencia de otro, exigiendo insistentemente la presencia de alguien a nuestro lado para que podamos liberarnos de la inseguridad o la inestabilidad emocional, no se trata de amor, sino de dependencia o apego compulsivo.

• Cuando creemos que debemos tener control absoluto sobre otro ser humano, sin respetar nada ni a nadie, dominando su vida y creyendo que debe tener nuestras mismas metas, deseos e intereses, no permitiéndole la libre expresión y el derecho a elegir, no se trata de amor, sino de posesividad o egoísmo.

• Cuando a menudo discutimos por razones triviales y nos enfrentamos entre nosotros, vivimos entre crisis temperamentales y falta de comprensión, tratando de replicar las ofensas para compensar la insatisfacción emocional o la insaciabilidad sexual, no es amor, sino pasión o simple deseo.

Incluso aquellos que tienen poco amor en su corazón ya tienen una pequeña llama que ilumina su camino a través de las oscuras tormentas de la existencia humana. La luz de una simple vela en la oscuridad de la noche puede guiarnos con seguridad y - ¿porque no? -. También ayuda a otros compañeros en el camino. En la inmensidad de la niebla nocturna, se puede ver desde una distancia relativa una humilde luciérnaga.

Nuestros pequeños anhelos de amor se asemejan a antorchas vivientes que nos guían a través de los abismos y acantilados que enfrentamos en las fatigas de la vida terrenal.

Siendo que los espíritus compasivos son llevados a unirse, ¿cómo sucede que, entre los espíritus encarnados, el afecto muchas veces es solo de una parte, y que el amor más sincero sea recibido con indiferencia e incluso repulsión? ¿Cómo, por otra parte, el afecto más vivo de dos seres puede transformarse en antipatía y, a veces, en odio?

"No comprendéis, por tanto, que es un castigo, sino que es solo temporal. De hecho, ¿cuántas personas creen que aman con locura, porque solo juzgan por las apariencias, y cuando se ven obligadas a convivir con la gente, rápidamente reconocen que esto no es más que una admiración material. No basta con estar enamorado de una persona que te agrada y que crees que tiene hermosas cualidades; es viviendo con ella que podrás hacerlo; apreciarlo nunca deben ser amigables, y cuando se conocen bien y se estudian bien, terminan amándose con un amor tierno y duradero, porque reposa en la estima que ama y no el cuerpo, y, cuando la ilusión material se disipa, el Espíritu ve la realidad.

Hay dos tipos de afecciones: la del cuerpo y la del alma, y muchas veces se confunde una con la otra. El afecto del alma, cuando es puro y comprensivo, es duradero; la del cuerpo es perecedera. Por eso, muchas veces, quienes creen amarse a sí mismos, con un amor eterno, se odian cuando la ilusión termina. "

AMAR

El amor pone a nuestra disposición el terreno más fructífero y bendito para el crecimiento interior. Esta "alma fecunda", cuando es fecundada por un afecto real, nos hace renunciar a la ilusión de poseer toda la verdad, eliminando así nuestros síndromes de inflexibilidad.

La condición primordial para que podamos compartir verdaderamente el amor no es impedir que el otro crezca como un individuo distinto de nosotros. Cuando bloqueamos el crecimiento de aquellos a quienes amamos, la relación emocional se segmenta por montañas de frustración y decepción.

"La justicia consiste en el respeto de los derechos de cada persona. (...) La ley establecida por los hombres, por tanto, no siempre es conforme a la justicia. De hecho, solo regula determinadas relaciones sociales, mientras que, en la vida privada, no existen. Hay una inmensidad de actos que son competencia exclusiva del tribunal de conciencia."[89]

El "respeto a los derechos de cada persona", al que se refieren los guías espirituales, se basa, sobre todo, en los bienes inmortales o valores íntimos que hemos conquistado y que nos dan derecho a usar, disfrutar y disponer, sin faltar el respeto, afrentar o, en cualquier caso, impedir el crecimiento de las personas con las que convivimos.

---

[89] Pregunta 875 de *"El Libro de los Espíritus"*

La indignación y la falta de respeto en el amor tienen como "telón de fondo" ciertas características psicológicas de los individuos que niegan sus propios miedos, inseguridades y debilidades y que lo compensan mediante conductas autoritarias, posesivas y soberbias.

En el amor no hay necesidad de vivir como si estuviéramos en un "torneo", tratando de medir fuerzas o mostrar la importancia de nuestro valor a través de imposiciones, discusiones y disputas diarias. El respeto legitima y valora el amor, que siempre va acompañado de atención, colaboración, compañerismo y cariño.

Cuando amamos a alguien, lo mejor que podemos hacer es mostrarle nuestra "visión del mundo." Sin embargo, debemos darle el derecho de aceptar o rechazar nuestras ideas y pensamientos, sin causarle ningún tipo de vergüenza ni utilizar expresiones de subordinación.

Aquí algunas notas importantes para todos aquellos que quieran cultivar el amor pleno:

- respetar el valor de las diferencias personales;
- evitar actitudes de posesividad emocional;
- admitir que todos estamos sujetos a errores;
- abandonar la idea de ser comprendido en todo;
- asumir la responsabilidad de las acciones que realiza;
- no olvidar la propia identidad;
- nunca querer cambiar a las personas según sus puntos de vista;
- utilizar siempre la sinceridad como defensa;
- comprender sus limitaciones para poder comprender las de los demás;

- entender que, en lo que respecta al amor, todos somos todavía aprendices.

Cuando se trata de vínculos afectivos, por mucha implicación que haya en términos de simpatía, ternura y anhelo, la dinámica que nos mantendrá unidos con otra persona será invariablemente el respeto mutuo. Si deseamos convivir emocionalmente debemos comprometernos a adquirir sabiduría interior, que es siempre una tarea personal.

Para alcanzar la plenitud del amor es necesario liberarnos de las crisis de omnipotencia, porque solo admitiendo nuestra vulnerabilidad crearemos una situación favorable para el éxito en el amor.

El amor pone a nuestra disposición el terreno más fructífero y bendito para el crecimiento interior. Este "terreno fértil", cuando es fertilizado por un afecto real, nos hace renunciar a la ilusión de poseer toda la verdad, eliminando así nuestros síndromes de inflexibilidad.

¿Cómo se puede definir la justicia?

"La justicia consiste en respetar los derechos de cada persona."

¿Qué determina estos derechos?

"Dos cosas los determinan: la ley humana y la ley natural. Habiendo hecho los hombres leyes apropiadas a sus costumbres y carácter, estas leyes establecieron derechos que podían variar con el progreso del conocimiento. Mirad si vuestras leyes hoy, sin ser perfectas, consagran los mismos. Derechos como en la Edad Media. Estos derechos anticuados, que os parecen monstruosos, parecían justos y naturales en esa época. La ley establecida por los hombres, por tanto, no siempre es conforme a la justicia, mientras que, en la vida privada, la hay. una inmensidad de actos que son competencia exclusiva del tribunal de conciencia."

AMAR

Actualmente vivimos la más grave de las privaciones humanas, la incapacidad de expresar nuestro amor y afecto de manera clara y honesta y sin temor a ser mal interpretados. Si bien es difícil vivir separados de los demás, es mucho más fácil abrazar con calidez a aquellos a quienes queremos mostrar nuestro afecto, rompiendo la distancia que nos separa de ellos.

Los libros sagrados de las religiones de todos los tiempos siempre han enseñado el amor como mandamiento supremo.

El verdadero significado de la religiosidad es la unión amorosa que nos une como hijos de un mismo Padre. La ternura es una poderosa fuente de apoyo para las almas. Ejerzamos el amor, ya que este noble sentimiento solo es eficaz cuando se expresa en acciones y actitudes.

La Religión universal consiste básicamente en el cultivo del amor y la libertad, además de la ayuda generosa a favor de las criaturas y la armonía cósmica, que nos llevará a percibir la diferencia entre lo ilusorio y temporal y lo concreto y verdadero. El verdadero significado de la religiosidad debe llevarnos al amor y a Aquel que es el amor superior. Por cierto, la mejor manera de estar vinculados a Dios es siendo partidarios del amor, de la fraternidad y de la unidad entre los hombres.

El apóstol Juan narra en el Nuevo Testamento que en una ocasión el Maestro se encontraba reunido en la intimidad de sus compañeros en la tarea de la Buena Nueva cuando afirmó: "(...) *De cierto, de cierto os digo, uno de me traicionarás.*" Esta revelación causó asombro e indignación entre sus queridos amigos.

"*Estaba a la mesa, al lado de Jesús, uno de sus discípulos, el que Jesús amaba. Entonces Simón Pedro le hizo una señal y le dijo: Pregúntale quién es el de quien habla. Él entonces, reclinado, sobre el pecho de Jesús, dile: ¿Quién es éste, Señor?*"[90]

Una simple caricia, tomarse de la mano, "apoyar la cabeza sobre el pecho" tiene el potencial de renovar a una criatura para la vida. Un cálido abrazo de una persona frustrada te dará el valor para volver a intentarlo hasta lograrlo. Cada uno de nosotros, con una mirada sincera y amorosa, podemos eliminar la barrera que impide que la vida de alguien despegue.

La tierna actitud del apóstol Juan hacia el Maestro demuestra el afecto suave y natural con el que Jesús enseñaba a sus discípulos, compartiendo con ellos gestos de ternura que fluían espontáneamente.

El Nuevo Testamento está lleno de narraciones simplemente conmovedoras: "sintió compasión", "tuvo misericordia" y "amó a sus amigos." Describe sus emociones, que nacieron abundantemente en el contacto con los lirios del campo, los pájaros en el cielo, junto con el alegre ruido de los niños. Las lecciones evangélicas se refieren a su capacidad amorosa para participar en reuniones festivas y confraternización en los hogares de amigos. En las bodas de Caná, Jesús y su madre se unen a la alegría de un banquete de bodas.

---

[90] Juan 13:21, 23-25

El inmenso afecto de Jesús no es pequeño y restringido; al contrario, es grandioso y abarcador. Se puede ver claramente la característica del afecto del Maestro: la comunión creativa de sentimientos con quienes lo rodean. Es una criatura excepcional que rodea a todos con su amor.

Siente y conmuévete. Mirar con aprecio a los demás, ser amigos. Extender la mano y estar juntos, abrazarnos afectuosamente, son actitudes que pueden surgir de forma natural en cada uno de nosotros. El miedo a acercarnos a las personas está relacionado con viejas ideas prejuiciosas o tabúes sexuales que ejercen su función de forma subliminal o inconsciente en nuestras vidas. Son creencias que nos llevan a creer que cualquier contacto físico presupone una implicación sexual.

Un bloqueo denso e inflexible se ha apoderado de nuestras relaciones afectivas. Esta inhibición nuestra puede estar directamente relacionada con una infancia carente de amor y llena de malicia y prejuicios. La personalidad de un niño está profundamente influenciada por sus padres y los adultos con los que convive en su vida diaria en el hogar, en la escuela y en la calle. La creencia errónea que la sexualidad solo está ligada a las actividades de los órganos genitales o a las relaciones sexuales provocó en los niños de ayer y en los adultos de hoy un verdadero desastre en su desarrollo social y psicosexual.

Cuando nos referimos a la sexualidad, debemos darle al término un significado amplio, que incluya la energía sexual en su conjunto: la estética, el arte, la cultura, la sensibilidad, los estímulos espirituales, las alegrías vitalizantes del afecto y muchas otras fuerzas creativas del alma humana.

El profesor Rivail propone a los representantes del Espíritu de la Verdad: "Los encuentros que a veces se producen entre determinadas personas y que se atribuyen al azar, ¿no serían efecto de una especie de relaciones simpáticas?" Los espíritus responden con sabiduría a la pregunta: "Existen vínculos entre seres pensantes que aun no conocéis. El magnetismo es la guía de esta ciencia que comprenderéis mejor más adelante."[91]

Las relaciones "simpáticas" y "magnéticas" - afinidad que existe entre personas que se atraen naturalmente o similitud en el sentimiento y el pensamiento que une a dos o más seres -, tienen su origen en la energía sexual que, en esencia, proviene de la Creación divina para formar, renovar y proveer para todas las criaturas.

Sexualidad y sensualidad no son necesariamente sinónimos, aunque una no anula a la otra. La sensualidad puede ser simplemente una unión física desprovista de cualquier presencia de amor. Puede estar vinculado a la necesidad instintiva del individuo de perpetuar la especie, o ser simplemente un deseo personal de satisfacer las necesidades de dos personas. Sin amor y cariño, el acto sexual es solo la expresión de una necesidad orgánica que desaparece cuando termina la carga erótica, aportando casi nada a la relación afectiva ni al desarrollo del amor.

Nuestra necesidad de amor existirá durante toda nuestra existencia como espíritus inmortales. No importa la edad, el género, el origen cultural y el refinamiento social de un individuo, siempre necesitará ternura.

Actualmente estamos experimentando la más grave de las privaciones humanas: la incapacidad de expresar nuestro

---

[91] Pregunta 388 de *"El Libro de los Espíritus"*

amor y afecto de manera clara y honesta y sin temor a ser malinterpretados. Es difícil vivir apartado de los demás; es mucho más fácil abrazar con calidez a aquellos a quienes queremos mostrar nuestro cariño, rompiendo la distancia que nos separa de ellos

¿Los encuentros que a veces se producen entre determinadas personas y que se atribuyen al azar, no serían efecto de una especie de relación amistosa?

"Existen vínculos entre seres pensantes que aun no conoces. El magnetismo es la guía de esta ciencia que entenderás mejor más adelante."

GENEROSIDAD

La generosidad no se trata de dar abundante e incontrolablemente, sino de cómo y cuándo dar apropiadamente.

Una criatura generosa es aquella que ha aprendido a ayudar a los demás sin verse obligada a cargar sobre sí desgracias que no le corresponden. Ayudar a quienes sufren sin enredarse en sus problemas emocionales. Intenta ser condescendiente con las aflicciones de los demás, pero no se involucra en ellas. O mejor dicho, no intenta llevar la cruz del mundo en actividades que apuntan a aliviar el dolor terrenal.

La persona generosa no experimenta dilemas, pues ha aprendido que no es necesario sufrir como un mártir, sino solo ser solidario y estar dispuesto a cooperar con las personas y apoyarlas siempre en todo lo que esté dentro de sus capacidades físicas y psicológicas.

Para ayudar, no necesitamos pasar todo nuestro tiempo obsesionándonos con las personas que nos importan ni pensando compulsivamente en la mejor manera de ayudarlos. Hay criaturas tan absortas en los problemas ajenos que no tienen tiempo para comprender y resolver los suyos propios.

Hay otros que se vuelven incapaces de vivir su propia vida, sintiéndose responsables de todos los conflictos de familiares y amigos, no permitiéndoles asumir la responsabilidad de sus actos. Llevan el peso de los demás, sin darles la oportunidad de aprender por sí mismos cómo resolver sus propias dificultades existenciales ni de comprender que, con el tiempo, practicar estas experiencias les permitiría vivir con más seguridad y autonomía.

Una de las herramientas básicas que podemos utilizar para beneficiar a las personas es mantener una cierta "distancia psíquica" con ellas. Esto no significa que, al distanciarnos emocionalmente, dejaremos de preocuparnos por ellos, de amarlos, sino que abandonaremos la angustia de vivir implicaciones neuróticas, en el deseo de resolverlo, decidirlo y comprenderlo todo.

Desconectar o distanciarse no se trata de rechazar ayudas afectivas, ni de vivir en una aceptación pasiva y resignada, sino de evitar relaciones agotadoras y perturbadoras. Significa dejar de alimentarnos de sentimientos y emociones locas y de relaciones patológicas que nos distraen de los problemas prioritarios a resolver. Cada ser humano es responsable de sí mismo; por tanto, necesitamos comprender los problemas que no son nuestros, cuya solución no nos pertenece. La ansiedad y la preocupación no ayudan en nada.

Este "distanciamiento psíquico" podría ser la solución beneficiosa que buscamos. Sin embargo, no siempre nos resulta fácil utilizar la buena voluntad desconectada del ámbito emocional; todavía estamos atrapados en viejos conceptos y viejos hábitos que nos atan a las crisis y desgracias de los demás.

Este nuevo comportamiento casi siempre nos muestra el conflicto enmarcado en un contexto totalmente diferente, dentro del cual es posible encontrar respuestas sorprendentes a problemas que parecían insolubles.

Ser generoso significa comprender que el silencio momentáneo suele ser la mejor ayuda. Es saber confiar en la acción del poder superior y reconocer que las experiencias de vida, correctas o incorrectas, son las que generan madurez y crecimiento espiritual. De hecho, las verdaderas experiencias son la suma de nuestros propios errores y faltas que acumulamos a lo largo de nuestra vida.

La generosidad no es solo una habilidad adquirida por personas privilegiadas; también es una capacidad latente en todo ser humano. Lo desarrollamos gradualmente, siguiendo los ritmos de la vida. Un día, toda la Humanidad experimentará la benevolencia.

La gente generosa hace el bien espontáneamente; son criaturas que han progresado, puesto que "(...) ya han luchado y triunfado. Por eso, los buenos sentimientos no les cuestan ningún esfuerzo, y todas sus acciones parecen sencillas: el bien se ha convertido para ellos en un hábito, hónralos, como viejos guerreros que conquistaron sus posiciones."[92]

La generosidad es lo opuesto al egoísmo. Mientras la persona generosa disfruta de la libertad, compartiendo lo que puede y lo que tiene, la persona egoísta vive aislada, queriendo aferrarse a todo y a todos los que le rodean.

El egoísmo no es vivir la propia vida a tu manera, sino querer que los demás vivan como nosotros queremos.

El mundo en el que vivimos depende de nuestra colaboración, ya que ningún acto, sentimiento o pensamiento pasa desapercibido en este sistema de Humanidad interdependiente del que formamos parte. Todos tenemos que contribuir; nadie está libre de devoción hacia la familia, los amigos y los extraños.

---

[92] Pregunta 894 de *"El Libro de los Espíritus"*

Nuestro altruismo y nuestras actitudes amorosas influyen en las acciones de los demás y, en consecuencia, creamos un ambiente renovado en la Tierra que nos afecta por igual: mental, emocional, social y espiritual. Por otro lado, no podemos olvidar que cada persona lleva dentro de sí la solución a sus problemas.

Cada uno de nosotros tiene el potencial de apoyar a nuestros semejantes en el mismo camino evolutivo. Siempre que tengamos la actitud de nutrir a alguien, este acto tendrá como resultado nuestra auto nutrición.

Si el Creador nos ha dado una vida social es porque, juntos, podemos apoyarnos mutuamente en los pasos vacilantes, mientras que, solos, podemos tropezar más fácilmente en los caminos peligrosos del camino terrenal.

La generosidad no se trata de dar abundante e incontrolablemente, sino de cómo y cuándo dar apropiadamente.

Hay personas que hacen el bien mediante un gesto espontáneo, sin necesidad de superar ningún sentimiento contrario; ¿Tienen el mismo mérito que quienes tienen que luchar contra su propia naturaleza y superarla?

"Quienes no tienen que luchar es porque en ellos se ha avanzado, ya han luchado y triunfado. Por tanto, los buenos sentimientos no les cuestan ningún esfuerzo, y todas sus acciones parecen sencillas: el bien se ha convertido para ellos en un hábito. Hay que honrarlos, como a viejos guerreros que han conquistado sus posiciones.

Como todavía estás lejos de la perfección, estos ejemplos te sorprenden por su contraste y los admiras tanto más porque son raros. Pero, ya sabéis, en mundos más avanzados que el vuestro, lo que entre vosotros es una excepción, allí es una regla. Allí el sentimiento del bien es espontáneo en todos, porque solo están habitados por espíritus buenos, y una sola mala intención sería una monstruosa excepción. Por eso los hombres allí son y lo serán en la Tierra cuando la Humanidad se transforme, y cuando comprenda y practique la caridad en su verdadero sentido. "

GENEROSIDAD

La generosidad tiene como síntesis perfecta o factor fundamental la acción dignificante, que propone ayuda a los demás, validando, sobre todo, su realidad personal.

Las criaturas generosas, que han aprendido verdaderamente a promover el bien, buscan actuar con "alteridad"; es decir, con respeto a la naturaleza de las personas o a la condición de lo distinto en los demás. Por tanto, no interpretan las necesidades de los demás en función de su forma de ver y sentir, ni adoptan una forma de ayuda basada en su forma individual y personificada de percibir los acontecimientos del mundo exterior.

Son generosos todos aquellos que, al beneficiar a alguien, no subvierten conflictos o adversidades, ni intentan descifrar las aspiraciones y deseos de las personas mediante hipótesis, sino que los distinguen y observan, no "generalizándolos", es decir: no dejan que el conjunto de sus experiencias de vida se convierte en la verdad que ordena las cosas básicas o fundamentales de las personas a las que pretenden ayudar.

Es difícil concebir que una criatura esté completamente equivocada acerca de una situación compleja. Cada uno de nosotros tiene una verdad para compartir o enseñar. Nuestra visión del mundo es solo nuestra; nadie puede normalizarlo por nosotros. Cuanto más nos demos cuenta de nuestras "generalizaciones", más capaces seremos de ayudar con el dolor de otras personas, porque, al ampliar nuestra conciencia, comprenderemos mejor nuestro propio reino interior, así como el de los demás. La "generalización" casi siempre nos impide hacer un análisis más preciso de lo que nos rodea y considerar los hechos tal como sucedieron realmente.

Por ejemplo, cuando "generalizamos" una emoción desagradable que nos ocurrió, podemos hacer que influya en todas y cada una de las situaciones similares, interconectándola con muchas otras, llevándonos a acumular y perpetuar heridas y resentimientos.

"Generalizar" es dejar que nuestro futuro quede contaminado por el difícil sentimiento del pasado y continuar esa misma emoción a lo largo del tiempo.

Ninguna criatura sobre la faz de la Tierra tiene la comprensión de toda la verdad. A veces nos comportamos como si fuéramos los "guardianes de la verdad absoluta", pero lo cierto es que cada uno de nosotros solo posee una ínfima parte de ella.

La generosidad tiene como síntesis perfecta o factor fundamental la acción dignificante, que propone ayuda a los demás, validando, sobre todo, su realidad personal.

La naturaleza de un ser benévolo no juzga nada ni denomina a nadie "normal" o "anormal"; simplemente analiza los hechos de manera imparcial y considera a los individuos como portadores de diferentes filtros mentales, o mejor aun, admite que cada persona percibe, selecciona, separa o retiene lo que le es esencial o deseado, según su modelo de vida.

Cuando reconocemos y validamos nuestra pequeña porción de verdad, resulta más fácil aceptar la verdad de los demás. A partir de entonces seremos libres de cooperar realmente y compartir nuestra porción o "trozo de verdad", obteniendo así una visión mayor y más completa de la realidad. En la Naturaleza nada está inmovilizado, todo es parte de un progreso constante. En el mundo en el que vivimos, la verdad es relativo, ya que está en constante cambio. Debido a esta mutabilidad, a veces incluso sentimos un cierto "malestar de personalidad", o incluso dificultad para adaptación a nuevas necesidades y circunstancias existenciales, a medida que nuestras ideas, conceptos, recuerdos, valores e ideas sufren transformación a través de la interferencia de los factores lugar, espacio y tiempo.

Considerando esto, el individuo verdaderamente generoso comprende perfectamente que "(...) cada uno de ellos - los espíritus -, tiene mayor o menor experiencia y, en consecuencia, mayor o menor experiencia. La diferencia está en el grado de su experiencia y de su voluntad (...)."[93]

A menudo partimos de la falsa suposición que todo el mundo busca conseguir lo que queremos o reacciona exactamente como nosotros. Nuestra necesidad no es la misma que la de los demás, y lo que nos provoca entusiasmo, deseo, miedo o inseguridad puede no tener repercusión en los demás.

Por ejemplo: tres personas miran diferentes lados de un mismo prisma; dependiendo del ángulo desde el que la observen o consideren podrán ver diferentes colores, pues el prisma tiene la propiedad de descomponer la luz blanca en el espectro de colores.

Un lado puede irradiar amarillo, otro rojo y otro azul. Cuando la persona del lado amarillo insiste en decir que el prisma es innegablemente amarillo, induce a los demás, que

---

[93] Pregunta 804 de *"El Libro de los Espíritus"*

consideran los lados opuestos, a no estar de acuerdo: "imposible, eres daltónico; es rojo." El otro dice: "nada, es azul." Es obvio que todos tienen un fragmento de la verdad, pero como no renuncian a poseer la verdad total, entran en desacuerdos y discusiones.

Casi siempre, la tendencia a "generalizar" nos hace distorsionar los objetivos reales de la "ayuda generosa", que se pueden resumir en algunos puntos importantes:

• animar a la gente a una nueva y más plena conciencia de sus poderes;

• empoderarlos para que tomen sus propias decisiones;

• no proyectar nuestras necesidades y valores personales en aquellos a quienes ayudamos;

• utilizar la "otredad" de manera compasiva, abandonando el deseo de todo conocimiento y poder.

El generoso mantiene una postura del alma en la que nadie es mejor o peor, solo diferente. Considera que la verdadera ayuda debe partir del supuesto que cada uno necesita ser evaluado y ayudado individualmente.

Pecar es interpretar al otro, utilizando solo nuestros puntos de vista. Este hábito de sentir, pensar y actuar radicalmente, eligiendo nuestra forma de ser como "norma correcta" de toda realidad y reacción humana, hiere e irrespeta profundamente la cosmovisión de los demás.

¿Por qué Dios no dio las mismas habilidades a todos los hombres?

"Dios creó a todos los espíritus iguales, pero cada uno de ellos tiene mayor o menor experiencia y, por tanto, mayor o menor experiencia. La diferencia está en el grado de su experiencia y de su voluntad, que es libre albedrío: de ahí que algunos mejoren más rápidamente." y esto les confiere capacidades diferentes. La variedad de habilidades es necesaria, para que cada uno pueda contribuir a los objetivos de la providencia dentro de los límites del desarrollo de sus fuerzas físicas e intelectuales: lo que uno no hace, el otro lo hace, cada uno tiene un papel útil. Entonces, siendo todos los mundos solidarios entre sí, es necesario que los habitantes de los mundos superiores, y que, en su mayor parte, fueron creados antes que el vuestro, vengan a vivir aquí para vosotros para dar ejemplo."

ACEPTACIÓN

Solo aquellos que han aceptado el cambio de actitudes pueden considerarse verdaderamente curados, ya que solo la transformación íntima puede liberarnos gradualmente de los ciclos perversos de desequilibrios internos que generan enfermedades corporales y aflicciones humanas.

No podemos dejar que nadie decida cómo actuaremos. Si alguien elige la ingratitud, no debemos sentirnos heridos ni dejarnos arrastrar a actitudes vengativas. Si otra persona tiene un comportamiento mediocre, es necesario aceptar que cada persona se encuentra en una determinada etapa evolutiva y, por tanto, solo da lo que tiene. Somos nosotros quienes decidimos cómo "actuar"; no debemos "reaccionar", sino aceptar al otro tal como es y proceder, aceptando igualmente quienes somos y haciendo todo lo que creemos que es bueno y apropiado para nosotros.

La aceptación es una de las características de los grandes hombres de la Humanidad, que aprendieron a respetar las leyes evolutivas en sí mismos y en los demás.

"Hay en Jerusalén, junto a la puerta de las Ovejas, un estanque que en hebreo se llama Bethesda, y que tiene cinco pórticos. Debajo de estos pórticos, yaciendo en el suelo, numerosos enfermos, ciegos, cojos y paralíticos esperaban a que el agua burbujeara. Porque el ángel de Jehová bajaba, de vez en cuando, al estanque y revolvía el agua; la primera persona que entraba allí, después de agitar el agua, quedaba curada, cualquiera que fuera la enfermedad.

Había allí un hombre que llevaba treinta y ocho años enfermo. Jesús, viéndolo acostado y sabiendo que llevaba así mucho tiempo, le preguntó: ¿Quieres ser curado? El enfermo le respondió: Señor, no tengo quien me arroje al estanque cuando se revuelve el agua; cuando llegué, alguien más se bajó antes que yo. Jesús le dijo: ¡Levántate, toma tu camilla y anda! Inmediatamente el hombre fue sanado. Tomó su cama y comenzó a caminar."[94]

Esa pregunta: "¿Quieres curarte?" debe entenderse en su significado más profundo. En él podemos resumir todo lo que Jesús enseñó e hizo. Esta es una investigación que requiere que la criatura renueve sus estructuras internas y externas: una verdadera transformación psíquica.

Cuando a alguien se le acerca una pregunta tan incisiva y responde: "Señor, no tengo quien me eche al estanque cuando el agua se agita; cuando llegué, ya se bajó alguien más antes que yo", se supone que es una criatura que se siente "víctima de un destino cruel" y completamente impotente ante la existencia. Quienes se posicionan de esta manera no admiten ser responsables de sus desgracias y siempre culpan a los demás o a las circunstancias de no sentirse felices o saludables. Son individuos que nunca son capaces de hablar de sí mismos para exponer y reflexionar sobre sus acciones, pensamientos y emociones. Durante un diálogo, solo culpan o acusan a las personas con las que conviven e incriminan a todos y a todo por sus propias desventuras.

Somos personalmente responsables de la infelicidad que experimentamos; la felicidad solo está fuera de nuestro

---

[94] Juan 5: 2-9

alcance cuando no aceptamos realizarnos a nosotros mismos. Sin embargo, si el paciente respondió: "Sí, claro que quiero curarme", podríamos decir que nació en él un compromiso de cambio de actitudes y de autorresponsabilidad. Se supone que se compromete plenamente con la propuesta recibida del Maestro Amoroso y se somete a una terapia de renovación íntima. De lo contrario, está lejos de ser un hombre definitivamente curado, transformado, dotado de lucidez mental y de nuevas concepciones sobre la Vida. Jesucristo - el Doctor de las Almas -, no mira solo los síntomas externos, sino que quiere la transformación interior, el cambio integral del ser humano. En el fondo, las criaturas inmaduras desean una cura inmediata para sus males, aspirando solo a cambios superficiales. Exigen, sin ningún esfuerzo, que lleguen bendiciones a sus caprichos infantiles o deseos apresurados; Quieren "pagar un precio ridículo" por el desarrollo y crecimiento espiritual. Este precio no se paga con autoengaño, con actitudes de victimización o autocompasión, sino con un cambio de comportamiento interior.

Sin embargo, ya curado, el ex paciente denuncia a Jesús ante sus enemigos, que buscaban un pretexto para arrestarlo y ejecutarlo. Así continúa el apóstol Juan en su narración: *"Después de esto, Jesús lo encontró en el templo y le dijo: He aquí, estás sano; no peques más, para que no te suceda algo peor. El hombre salió e informó a los judíos que era Jesús quien lo había sanado. Por eso los judíos perseguían a Jesús porque hacía tales cosas en sábado."* [95]

El Maestro Nazareno aceptó la actitud de ingratitud del ex paralítico porque sabía que todo sigue un ritmo natural y que la transformación espiritual no ocurre abruptamente. Entonces le advirtió, diciéndole: "¡No peques más, no sea que

---

[95] Jua 5: 14-16

te suceda algo peor!" Cristo tenía amplio conocimiento que la evolución es una espiral infinita y que cada persona alcanza un "paisaje existencial" según la posición en la que se encuentra. La curación física puede ser un medio, pero solo la plena conciencia es el fin.

"(...) Está el progreso regular y lento que resulta de la fuerza de las cosas. (...) Las revoluciones morales, como las revoluciones sociales, se infiltran poco a poco en las ideas y germinan a lo largo de los siglos; de repente, estallan y derriban el edificio podrido del pasado, que ya no está en armonía con las nuevas necesidades y las nuevas aspiraciones (...)"[96]

Solo aquellos que han aceptado el cambio de actitudes pueden considerarse verdaderamente curados, ya que solo la transformación íntima puede liberarnos gradualmente de los ciclos perversos de desequilibrios internos que generan enfermedades corporales y aflicciones humanas.

¿El mejoramiento de la Humanidad sigue siempre una marcha lenta y progresiva?

"Hay un progreso regular y lento que resulta de la fuerza de las cosas. Pero cuando un pueblo no avanza muy rápidamente, Dios le da, de vez en cuando, un shock físico o moral, que lo transforma."

Nota - El hombre no puede permanecer perpetuamente en la ignorancia, porque debe alcanzar el fin marcado por la Providencia: ser iluminado por la fuerza de las cosas. Las revoluciones morales, al igual que las revoluciones sociales, se infiltran gradualmente en las ideas y germinan a lo largo de los siglos; de repente, revientan y

---

[96] Pregunta 783 de *"El Libro de los Espíritus"*

derrumban el podrido edificio del pasado, que ya no está en armonía con las nuevas necesidades y las nuevas aspiraciones.

En estas conmociones, el hombre muchas veces no percibe más que el desorden y la confusión momentáneos que afectan a sus intereses materiales. Quien eleva sus pensamientos por encima de su personalidad admira los designios de la providencia, que hace surgir el bien del mal. La tormenta y la agitación limpian la atmósfera después de haberla perturbado.

ACEPTACIÓN

Tengamos presente que no somos lo que los demás piensan y, muchas veces, ni siquiera lo que creemos que somos; pero realmente somos lo que sentimos. De hecho, los sentimientos revelan nuestro desempeño en el pasado, nuestro desempeño en el presente y nuestro potencial en el futuro.

La autoaceptación es uno de los desafíos que enfrentamos en la vida. O vivimos como personas libres del yugo de los demás, o aceptamos ser manipulados y vivir aparte o separados de lo que sentimos y pensamos.

Cuando nos aceptamos a nosotros mismos, eliminamos los lazos de dependencia enfermiza que nos unen a los demás, cuyas costumbres, creencias y valores no son los nuestros. Y reconocemos que podemos vivir y relacionarnos respetando su forma de ser, de la misma manera que debemos respetar nuestra individualidad y libertad de pensamiento, sin temor a la discriminación o el aislamiento. Una de las mayores preocupaciones de algunas personas es lo que otros puedan pensar de ellas. Fijan su estado de ánimo en la volubilidad de las actitudes de otras personas, en las opiniones o puntos de vista inestables de la comunidad.

El valor y la importancia que estas criaturas se atribuyen a sí mismas fluctúan de acuerdo con el juicio cambiante y vacilante de las masas, ya que se estructuran en torno a un patrón de personalidad ciclotímico, caracterizado por períodos de alegría e hiperactividad exageradas, intercalados con períodos de depresión, angustia e inercia.

Cuanto más nos preocupemos por la impresión que damos a los demás, menos descubriremos quiénes somos realmente. Por cierto, el ardor del esfuerzo que hacemos por ser valorados es proporcional a la devaluación que sentimos por nosotros mismos.

Lo que la gente piense de nosotros es su problema; no podemos vernos como nos ven los demás, ya que esto nos llevará a vivir alienados, ignorando los factores psicológicos o sentimientos y emociones que nos hacen actuar ante la vida de acuerdo con nuestros impulsos internos.

Querer parecer impecable frente a los demás es una tarea agotadora e innecesaria. Por mucho que nos consumamos energéticamente en el esfuerzo de complacerlos, nunca haremos lo suficiente para que nos vean mejores o peores de lo que realmente somos.

La esfera intelectual explica lo que sentimos, sin embargo puede racionalizar los sentimientos, crear coartadas y disfraces que nos separan de nuestra verdad interior. Tengamos presente que no somos lo que los demás piensan y, muchas veces, ni siquiera lo que creemos que somos; pero realmente somos lo que sentimos. De hecho, los sentimientos revelan nuestro desempeño en el pasado, nuestro desempeño en el presente y nuestro potencial en el futuro.

Los buenos diccionarios definen la reputación como el concepto del que disfruta una persona dentro de su grupo social. Reputar - del latín *reputare* -, significa calcular, contar, encontrar, juzgar, considerar. O incluso, evaluar y tener en cuenta el "buen nombre" de alguien, o juzgar a las personas como "correctas" o "incorrectas."

Deberíamos darle más importancia y atención a nuestra conciencia que a nuestra reputación. La conciencia está ligada a la soberanía de la vida superior, mientras que la reputación está condicionada al carácter inestable y al temperamento vacilante del ser humano.

Millones de criaturas creen en cosas muy diferentes, porque de niños les transmitieron enseñanzas diferentes. Se enseñaron cosas diferentes a niños budistas, cristianos, sintoístas, musulmanes e hindúes. Ya sean esos mismos niños chinos, franceses, indios, rusos o vietnamitas, cada uno de ellos crecerá con la firme convicción racial y religiosa que ellos tienen razón y los demás están equivocados. Incluso entre las mismas religiones existen puntos de vista divergentes sobre los tratados teológicos o doctrinarios y, por tanto, hay disensiones.

La reputación está ligada a la "moral social", las reglas, valores, raza, tradición y costumbres de una época, era o pueblo, mientras que la conciencia está ligada a las leyes eternas y naturales de todos los tiempos.

Cuando la gente nos dice algo sobre algo o alguien, debemos pensar: ¿Es esto cierto para quién? ¿Qué tipo de evidencia hay? ¿Existen elementos más claros y específicos para estimar este hecho? ¿Qué base de referencia debo adoptar para hacer esta valoración? ¿Las personas involucradas creen solo por religión, tradición, autoritarismo o revelación mística? ¿Hay elementos más objetivos para apreciar esta actitud?

"El Espíritu que animó el cuerpo de un hombre, en una nueva existencia, puede animar el de una mujer, y viceversa

(...), porque, en verdad, (...) son los mismos espíritus que animar a hombres y mujeres."[97]

Cada individualidad trae consigo una experiencia única y particular en el ámbito sexual y, por tanto, una estructura psicológica específica, con particularidades masculinas y femeninas. En determinadas situaciones evolutivas, encarnamos como hombre; en otras, como mujer. Ante esto, el alma atraviesa inmensas etapas de aprendizaje y desarrollo en la noche de los tiempos, constituyendo en su intimidad el fenómeno de la bisexualidad. De esta manera, hombres y mujeres no son más que espíritus inmortales que visten temporalmente ropa masculina o femenina.

Cuando juzgamos algo o a alguien, casi siempre damos opiniones ilusorias, no basadas en fundamentos, razones y motivos sólidos. Pronunciamos una sentencia prematura de condena o absolución, sin conocimiento previo de todo lo que ha estado sucediendo en la intimidad humana.

No nos damos cuenta que un juicio arbitrario es la "disminución de la comprensión", la empatía, la complacencia y la aceptación hacia nuestra "diversidad existencial", así como la de los demás. El juicio es el "naufragio del entendimiento." Al cambiar nuestra "visión efímera" por una "visión de la eternidad", cambiamos la "concepción del mundo" cartesiana y simplista en la que vivimos, cambiando así las conclusiones erróneas sobre las personas y la vida. Lo normal, lo anormal, lo moral, lo inmoral, lo natural y lo antinatural son relativos, incluso cuando se trata de la configuración o apariencia externa de la materia.

Jesús de Nazaret, en una actitud inusual en su época, demostró aprecio y respeto por los excluidos, y discriminados,

---

[97] Pregunta 201 de *"El Libro de los Espíritus"*

ofreciendo igual atención a las diferencias de clase y de sexo; a los ladrones, a las prostitutas, a los adúlteros, a los publicanos. No tenía sentido ni elección a favor de una persona en función de su clase social, título, sexo, o nacionalidad.

El Maestro dejó claro que, para Dios, no había elegidos: el reino de los cielos era una conquista común para todos aquellos que cultivaban el amor a Dios, a los demás y a sí mismos. Esta convicción es la que llevó a Pablo de Tarso a decir a los cristianos de la iglesia de Galacia: *"Dios no hace acepción de personas."* [98]

¿Puede el espíritu que animó el cuerpo de un hombre, en una nueva existencia, animar el de una mujer, y viceversa?

"Sí, son los mismos espíritus los que animan a los hombres y a las mujeres."

---

[98] Gálatas, 2:6

Grandes Éxitos de Zibia Gasparetto

Con más de 20 millones de títulos vendidos, la autora ha contribuido para el fortalecimiento de la literatura espiritualista en el mercado editorial y para la popularización de la espiritualidad. Conozca más éxitos de la escritora.

Romances Dictados por el Espíritu Lucius

La Fuerza de la Vida

La Verdad de cada uno

La vida sabe lo que hace

Ella confió en la vida

Entre el Amor y la Guerra

Esmeralda

Espinas del Tiempo

Lazos Eternos

Nada es por Casualidad

Nadie es de Nadie

El Abogado de Dios

El Mañana a Dios pertenece

El Amor Venció

Encuentro Inesperado

Al borde del destino

El Astuto

El Morro de las Ilusiones

¿Dónde está Teresa?

Por las puertas del Corazón

Cuando la Vida escoge

Cuando llega la Hora

Cuando es necesario volver

Abriéndose para la Vida

Sin miedo de vivir

Solo el amor lo consigue

Todos Somos Inocentes

Todo tiene su precio

Todo valió la pena

Un amor de verdad

Venciendo el pasado

Otros éxitos de Andrés Luiz Ruiz y Lúcio

Trilogía El Amor Jamás te Olvida

La Fuerza de la Bondad

Bajo las Manos de la Misericordia

Despidiéndose de la Tierra

Al Final de la Última Hora

Esculpiendo su Destino

Hay Flores sobre las Piedras

Los Peñascos son de Arena

Otros éxitos de Gilvanize Balbino Pereira

Linternas del Tiempo

Los Ángeles de Jade

El Horizonte de las Alondras

Cetros Partidos

Lágrimas del Sol

Salmos de Redención

Libros de Eliana Machado Coelho y Schellida

Corazones sin Destino

El Brillo de la Verdad

El Derecho de Ser Feliz

El Retorno

En el Silencio de las Pasiones

Fuerza para Recomenzar

La Certeza de la Victoria

La Conquista de la Paz

Lecciones que la Vida Ofrece

Más Fuerte que Nunca

Sin Reglas para Amar

Un Diario en el Tiempo

Un Motivo para Vivir

¡Eliana Machado Coelho y Schellida, Romances que cautivan, enseñan, conmueven y
pueden cambiar tu vida!

Romances de Arandi Gomes Texeira y el Conde J.W. Rochester

El Condado de Lancaster

El Poder del Amor

El Proceso

La Pulsera de Cleopatra

La Reencarnación de una Reina

Ustedes son dioses

Libros de Marcelo Cezar y Marco Aurelio

El Amor es para los Fuertes

La Última Oportunidad

Nada es como Parece

Para Siempre Conmigo

Solo Dios lo Sabe

Tú haces el Mañana

Un Soplo de Ternura

Libros de Vera Kryzhanovskaia y JW Rochester

La Venganza del Judío

La Monja de los Casamientos

La Hija del Hechicero

La Flor del Pantano

La Ira Divina

La Leyenda del Castillo de Montignoso

La Muerte del Planeta

La Noche de San Bartolomé

La Venganza del Judío

Bienaventurados los pobres de espíritu

Cobra Capela

Dolores

Trilogía del Reino de las Sombras

De los Cielos a la Tierra

Episodios de la Vida de Tiberius

Hechizo Infernal

Herculanum

En la Frontera

Naema, la Bruja

En el Castillo de Escocia (Trilogía 2)

Nueva Era

El Elixir de la larga vida

El Faraón Mernephtah
Los Legisladores
Los Magos
El Terrible Fantasma
El Paraíso sin Adán
Romance de una Reina
Luminarias Checas
Narraciones Ocultas
La Monja de los Casamientos

Libros de Elisa Masselli
Siempre existe una razón
Nada queda sin respuesta
La vida está hecha de decisiones
La Misión de cada uno
Es necesario algo más
El Pasado no importa
El Destino en sus manos
Dios estaba con él
Cuando el pasado no pasa
Apenas comenzando

**Libros de Vera Lúcia Marinzeck de Carvalho
y Patricia**

Violetas en la Ventana

Viviendo en el Mundo de los Espíritus

La Casa del Escritor

El Vuelo de la Gaviota

**Vera Lúcia Marinzeck de Carvalho
y Antônio Carlos**

Amad a los Enemigos

Esclavo Bernardino

la Roca de los Amantes

Rosa, la tercera víctima fatal

Cautivos y Libertos

Libros de Mónica de Castro y Leonel

A Pesar de Todo

Con el Amor no se Juega

De Frente con la Verdad

De Todo mi Ser

Deseo

El Precio de Ser Diferente

Gemelas

Giselle, La Amante del Inquisidor

Greta

Hasta que la Vida los Separe

Impulsos del Corazón

Jurema de la Selva

La Actriz

La Fuerza del Destino

Recuerdos que el Viento Trae

Secretos del Alma

Sintiendo en la Propia Piel

Otros Libros de Valter Turini y Monseñor Eusébio Sintra

Isabel de Aragón, La reina médium

El Monasterio de San Jerónimo

El Pescador de Almas

La Sonrisa de Piedra

Los Caminos del Viento

Si no te amase tanto...

World Spiritist Institute

www.ingramcontent.com/pod-product-compliance
Lightning Source LLC
LaVergne TN
LVHW041801060526
838201LV00046B/1080